Eurus

Notus

戦国と宗教

神田千里
Chisato Kanda

Boreas

Zephyrus

岩波新書
1619

はじめに

戦国社会の秩序

戦国時代といえば、各地で乱世の英雄たちが、日本全国の支配権の獲得、一般には天下統一と呼ばれる覇権の達成をめざして抗争した、無秩序の時代とみられがちである。確かに戦国大名は、自ら「国家《こっか》」(「国」は領国をさし、「家」は一族・家臣らが結集した家中をさす。双方共その支配対象である)と呼ぶ領域を仕切っており、当時来日して布教活動を行っていたイエズス会宣教師らは彼らを「国王」と呼んでいるほど独立的であった。しかし「国王」の「国家」、すなわちその領国にはそれなりに秩序だった社会があり、戦国大名の定めた分国法という法も実効性をもっていたのである。

これと対応して、京都を中心とする畿内には幕府が存続しており、幕府将軍は一六世紀後半の時代には「天下」と呼ばれ、諸国の戦国大名は、その将軍に儀礼的に臣下の礼を取り、幕府から相応の地位や称号を与えられた。また大名らは幕府の擁立する朝廷にも、天皇の即位礼の際金銭を献上するなど尽力していた。さらに諸国の大名同士が相互に一種の外交関係を形成していた。地方とゆるやかに結びついた、こうした将軍の地位は、ある意味で後の織田信長、豊臣秀吉ら「天下人」の原型となるものとみる余地もあろう。

中央とのつながりがあったのは、大名だけではない。商人らは幕府や大名と結びつき、領国の範囲を超えて広域にわたる活動を展開していた。それぞれの大名領国にある寺院とそれに属する僧侶もまた中央と関係をもち、天皇から法印《ほういん》・法眼《ほうげん》・法橋《ほっきょう》などの僧位、僧正《そうじょう》・僧都《そうず》・律師《りっし》などの僧官、そして上人《しょうにん》、勅願寺《ちょくがんじ》などの称号を与えられていた。イエズス会の宣教師の中にはこうした天皇のあり方を、「日本人の間では（ローマ）教皇として崇められている」と評する者もいた。

寺院や僧侶についていえば、単に朝廷との関係のみならず、その属する宗派内部で結びつき、組織を形成しているのが普通だった。平安時代以来の、比叡山延暦寺《ひえいざんえんりゃくじ》を中心とする天台《てんだい》宗や、高野《こうや》山金剛峯寺《さんこんごうぶじ》などを中心とする真言《しんごん》宗、鎌倉時代に始まった浄土《じょうど》宗・浄土真《しん》宗・時《じ》宗など浄土系の宗派、臨済《りんざい》宗・曹洞《そうとう》宗など禅宗系の宗派、法華《ほっけ》宗など各宗派に属する寺院・僧侶が、こうした個々の大名領国を超えて展開する宗派集団に所属し、活動していた。

一見無秩序にみえる戦乱の世にも、ゆるやかな求心性が幾重にも存在し、それが戦国社会に一定の形を与えていたのである。

とはいってもこの「一定の形」が不安定で、予断を許さない激動に絶えずさらされていたことは間違いない。生き残るためには、強い生命のエネルギーに加え、強固な信仰が必要であった。先ほど触れた各宗派における教団の形成は、この信仰と密接に関わるものである。本書は戦国社会の様相を、特に宗教や信仰からみていく試みである。

宗教からみる戦争・思想

まず第一章では、戦争自体を宗教の面から検討する。明日をも知れぬ乱世に、神仏にすがることにどれほど意味があるのか疑問とみる向きもあるかもしれないが、どの国の戦国大名も、他国の大名や武士との、あるいは国内の敵対者との戦いに際して神仏に戦勝祈願を行っていた。当時の人々は、戦《いく》さの勝敗が単に武器・人員・兵粮など装備や戦略の巧拙、つまり軍事力のみで決まるのではなく、人間の力を超えた摂理によると考えていたからである。大軍が小勢にまさかの敗北を喫するような場面を知りぬいていた彼らの実感であったかもしれない。神仏の意に叶うには道徳に適った行為や篤信が必要だと思われていた。

事情は大名以外の民衆でも同じであった。第二章でみるように、一般に民衆の闘争とされている一向一揆は、本願寺教団に属する武士たちが主力となっていたが、その本願寺を頂点とする教団を支えたのは一般民衆の篤い信仰であり、本山を崇める心性であった。新たに日本に入ってきたキリスト教も、信者の信仰のあり方は、在来のものと共通する点が少なくない。キリスト教がどのように広まっていったかは第三章でみてみたい。キリスト教流入により生まれたとされるキリシタン大名もまた、第一章で述べるような一般の戦国大名と同じ事情のもとで信仰に入ったのである。この点は第四章で述べよう。

こと宗教や信仰という面については、秩序の不安定な激動の時代にも、階層や地域、また宗派を問わない共通の傾向がみられる。その要因の一つに、この時代の日本列島に住む人々が、第五章でみるように、「天道《てんとう》」と呼ばれる観念から大きな影響をうけていたことが考えられる。その意味では大名の戦勝祈願も、庶民の本山信仰も、ヨーロッパから来たキリシタン信仰も、ひっくるめて「天道」の信仰世界の出来事とみることもできよう。本書はこうした構図に基づいた信仰世界の見取り図ともいえる。

信仰の歴史をみる場合、平安・鎌倉時代に始まった宗派を手がかりにするのが定石であるが、本書では、宗派でなく「天道」の観念にあえて注目したい。こうした方法により、一向一揆で知られる真宗本願寺派や、広域な展開をみせた曹洞宗など在来宗教の特質も、外来のキリスト教が急速に広まっていった理由もみえてくると思われるからである。

目　次

第一章　合戦と大名の信仰

戦争は、戦国大名にとっては避けて通ることのできない現実であった。その現実に直面した大名たちは皆、神仏への祈願を行ったのであり、この点は戦国大名の信仰を知るうえで絶好の手がかりとなる。本章では戦国大名が戦争の勃発に際して行った、神仏への戦勝祈願に注目する。

大名らがこうした行為に及んだ最大の理由は、「はじめに」で触れたように、戦争の勝敗は神仏の冥慮《めいりょ》、つまり人間にはみえない神仏の作用によると考えられていたからである。その実情について、著名な戦国大名を幾人か選んで、特に戦勝祈願を中心にみていきたい。まずは武《たけ》田《だ》信玄《しんげん》と上杉謙信《うえすぎけんしん》という、名だたる戦国の英雄により行われた川中島《かわなかじま》合戦をとりあげ、そこで行われた戦勝祈願から始めよう。

1　川中島合戦と宗教

「外交」としての戦争

戦勝祈願について述べるのに先立ち、まず、川中島合戦に至る経緯を簡単に辿っておこう。

川中島合戦といえば、信濃《しなの》において領土拡大を進めてきた甲斐《かい》の武田信玄(合戦の最初の時期は晴信《はるのぶ》だが、本書では信玄で統一)が、越後《えちご》の雄である上杉謙信(これもまた合戦の当初では長尾《ながお》景虎《かげとら》だが上杉謙信で統一)と激突したもの、との見方が一般的である。信玄の領土拡大に圧迫された村上、小笠原、高梨《たかなし》など北信濃の国衆《くにしゅう》らが上杉謙信を頼った結果、両雄が激突するに至るという見方は、確かに事実の一面をついたものといえよう。

しかし、なぜ信玄は信濃国に進出していったのかという点については、この時代の東国政治史に関する専門的な研究以外の場面では、あまり問題にされた形跡がない。それは、戦国大名が領土拡大のために戦争を企てるのはあまりにも当然のことで、説明の必要がないと考えられているからであろう。戦国大名の戦争といえば、領土拡大という目的は自明のものとして、叙述されることが一般的であったからである。

ところで、大名同士の戦争は、一方が他方を滅ぼすに至るまで続く場合がある反面、相互の和睦協定締結で終息する場合も珍しくない。また、他の大名との戦争に明け暮れているちょうど同じとき、別の大名とは友好関係をもち、同盟を結んで援軍を要請する事例は枚挙にいとまがない。つまり戦争は大名相互の、いわば「外交」関係の一部でもある。大名の「外交」関係を規定する重要な要素の一つが「面目の維持」であるという丸島和洋氏の指摘のように、戦争もまた戦国大名の対外的な「面目」から発生する場合が珍しくなく、武田信玄の信濃国侵攻にもこうした側面がある。峰岸純夫、平山優、黒田基樹氏らの近年の研究によりながら、武田信玄の信濃国侵攻の過程をみておきたい。

武田信玄の諏訪郡侵攻

武田信玄の信濃国攻略は、天文《てんぶん》一一年(一五四二)の諏訪《すわ》郡への侵攻から始まる。諏訪神社の社家であり、信濃国の有力な武士であった諏訪氏当主の諏訪頼重《よりしげ》を攻め、捕えて自害させた上、自身の甥(虎王《とらおう》)を当主として諏訪氏を服属させるに至ったとされている。信玄が信濃一国を領するに至る結果を知っている現代の我々は、これを信玄の信濃国侵攻の、まさに出発点とみなすことが多い。だが武田と諏訪の両者は、実はこの直前まで友好関係にあった。信玄の父信虎《のぶとら》は、天文一〇年に、諏訪頼重や、これも信濃有力武士の村上義清《よしきよ》と共に同盟して戦い、信濃国衆の海野棟綱《うんのむねつな》を関東に追放している。

この直後に信虎は子息信玄から追放されるのであるが、諏訪氏に対しての手のひらを返したような信玄の行動は何故《なにゆえ》だったのであろうか。すぐにわかることは、信玄が頼重と家督を争っていた高遠《たかとお》(諏訪)頼継《よりつぐ》、諏訪社上社の禰宜《ねぎ》である矢島満清《やじまみつきよ》、下社の金刺《かなざし》氏らと共に、頼重を攻撃したことである。要するに信玄は諏訪氏の内紛に際し、その一方に肩入れしたのである。少なくとも諏訪氏一族内部にも信玄の支持者はいたのであった。

頼重は信玄に攻められて降参し、自害を余儀なくされる。そして高遠頼継は、頼重の遺領を獲得し、自ら惣領を名乗ろうとした。しかし、信玄は頼重の遺言という理由で頼重の遺児で甥の虎王を擁立し、頼重叔父の諏訪満隆《みつたか》ら諏訪氏一族・遺臣らと共に高遠頼継・矢島満清らと戦い、これを撃破し、虎王に諏訪氏の家督を継がせたのである。信玄が家督をめぐる内紛にゆれる諏訪氏一族の、一方を常に味方として行動していることは間違いないといえよう。

こうした信玄の行動こそ、諏訪氏を勢力下に置くべく一族の内紛を利用し、介入したものとみるのが普通である。しかし武田氏と諏訪氏とはこれ以前から交流があり、一族や家中で起こった内紛に、互いに介入することは珍しくない。これに先立つ大永《だいえい》五年(一五二五)には、永正《えいしょう》期(一五〇四―二一)以来の諏訪頼満《よりみつ》と金刺昌春《まさはる》との争いで、追放された昌春が武田信虎を頼り、享禄《きょうろく》元年(一五二八)に信虎は諏訪に侵攻している。その後両者の戦いは紆余曲折を経て天文四年(一五三五)に和睦に至り、天文九年に信虎息女の禰々《ねね》(先述の虎王の母)が諏訪頼重に嫁すのである。両者の間では対立と和睦が繰り返されていた。

これより七〇年ほど以前の寛正《かんしょう》五年（一四六四）に諏訪信満《のぶみつ》は甲斐に侵攻しているが、これは武田氏当主の武田信昌《のぶまさ》が、守護代跡部《あとべ》氏との対立に際して、信満に援軍を要請したからであるともいわれている。また延徳《えんとく》四年（一四九二）の、武田信昌とその子信恵《のぶよし》と、これに対立する信昌の嫡子信縄《のぶつな》との、武田氏の家督をめぐる合戦では、諏訪氏一族矢ケ崎《やがさき》氏が戦死しており、諏訪氏からの軍事行動があったことが窺える。これら一連の武田氏・諏訪氏の交渉をみれば、武田氏側の一方的な意図のみで事態が進行したわけでないことは明白である。頻繁であった両氏の交渉から軍事衝突が起こっているのである。

したがって、天文一一年（一五四二）の武田信玄の諏訪侵攻も、一族の内紛に介入して従属を図ったという点だけに注目することはできない。むしろ武田氏・諏訪氏間の、戦国期以前からの国境を越えた交渉、すなわち「外交」関係をみる必要があろう。

山内上杉氏と武田氏

武田信玄の諏訪侵攻の原因となる武田氏・諏訪氏両者の対立は、侵攻が始まる前年の出来事に端を発するとされている。先ほど述べたように、天文一〇年に武田信虎・諏訪頼重・村上義清は連合して海野棟綱を攻撃した。棟綱は上野《こうずけ》を領する関東管領《かんとうかんれい》家（山内《やまのうち》上杉氏と呼ばれる上杉家本家）の上杉憲政《のりまさ》を頼り、上杉憲政の軍勢は七月に佐久《さく》郡・小県《ちいさがた》郡海野《うんの》まで進軍した。一方諏訪頼重は長窪《ながくぼ》まで出陣したところ、憲政の方から和談が持ち上がり、頼重はこれを受け入れたため、信虎率いる甲斐の軍勢も村上軍も「身を抜かるゝ」（出し抜かれる）ありさまになったという。城主葦田《あしだ》氏が逃亡し上杉軍に占領されていた葦田郷も、頼重に臣従した葦田信守《のぶもり》に頼重の一存で与えられることになった。諏訪頼重一人が葦田信守を手なずける結果になり、これが武田氏側に遺恨を残すことになったとされている。

この後も海野氏は上野の上杉氏を頼って復帰を試み、上杉氏は信濃国における政治関係をめぐって武田氏と対立する大きな勢力として立ち現れた。天文一三年正月に武田氏家臣駒井《こまい》高白《こうはく》斎《さい》は甲斐を訪問した北条《ほうじょう》氏家臣桑原盛正《くわばらもりまさ》と対談するが、そこで「条目《じょうもく》」すなわち両者の覚書が交わされた。さらに同年一二月には武田氏家臣小《お》山田《やまだ》氏の宿老小林氏が北条氏康《うじやす》と対面している。黒田基樹氏の指摘のように、両者は共に関東管領家上杉氏を共通の敵として何らかの同盟関係を結んだと考えられる。

一方で武田信玄は、天文一二年に大井貞隆《さだたか》を長窪城に囲み、天文一五年にはさらに抵抗を続ける子の大井貞清《さだきよ》の内山《うちやま》城を攻略し、この時期武田方であった小笠原氏の仲介で服属させ、さらに翌年に笠原（依田）清繁《きよしげ》を志賀《しが》城に攻めた（図1）。志賀城には、山内上杉氏の家臣高田憲頼《のりより》

図1　武田氏信濃侵攻図
年号は合戦のあった年を示す.

が、笠原氏と姻戚関係にあったこともあって立て籠もり、落城と共に討ち死にしている。そればかりではなく山内上杉氏の軍勢が志賀城へ援軍を派遣したが、小《お》田《だ》井《い》原《はら》の戦いで武田方はこれを撃破した。

以上の経緯からみえてくることは、甲斐国武田、上野国上杉という両大名の間で、信濃国の武士たちは双方に分かれて戦っていることである。大井氏の内山城を攻撃した際も、武田氏は信濃の小笠原氏と結び、西上野の国衆市河氏とも結んで大井氏の後方をついており、信濃・上野の武士たちの複雑な「外交」関係の中で、戦いが行われていることが窺えよう。

村上氏と武田氏

さて天文一〇年(一五四一)の段階で、武田氏と結んでいた村上氏は、峰岸純夫氏によれば、武田氏に攻められ服属した大井貞清の仲介により上野上杉氏と結んだ。それにより小笠原氏もまた上杉氏と結んで武田氏と対立することとなる。天文一七年二月に、その村上氏との戦いのために小県郡へ侵攻した武田信玄は村上義清の軍勢に上田原で大敗を喫し、これに力を得た村上軍は小笠原氏、仁科《にしな》氏らと共に諏訪地方に侵攻し諏訪下社に放火した。ついでに佐久郡内山城にも放火している。

これに対して同年七月、武田信玄は小笠原勢を塩尻峠で撃破し、小笠原方についていた矢島・花岡ら諏訪氏一族を討伐した。さらに八月、家臣の小山田信有《のぶあり》に田口《たのくち》城を攻撃させ、続いて信玄自ら出陣して、田口城の後詰《ごづめ》(田口城を包囲する小山田勢を背後から攻撃すること)として出陣していた敵方の軍勢を撃破。さらに前山《まえやま》城を攻略したため、望月氏が服属している。その一方で駿河今川氏の仲介により村上義清との講和を試みている。

ここでも信濃の有力武士村上氏との戦いの背後には上野上杉氏の存在があり、村上氏と結んだ小笠原氏や、いったん武田方に服属した大井氏など村上方の武士たちが武田氏と敵対していた。武田信玄の信濃攻略は、決して一方的な領土拡大のみが展開したわけではなかったのである。

天文一九年以降、信玄が小笠原長時の本拠地を攻略し、小笠原一族で重臣の島立《しまだち》氏、赤沢《あかざわ》氏が降参したため、長時は逃亡して村上氏を頼った。天文二二年には、その村上義清が葛尾《かつらお》城を捨てて長尾景虎、すなわち後の上杉謙信に救援を求めることになる（先ほどから頻繁に登場していた上野上杉氏は長尾景虎の主家であり、長尾景虎は主家を継ぎ上杉氏を名乗り、さらに出家して上杉謙信となる）。一方、村上一族の屋代政国《やしろまさくに》、塩崎氏らが武田方に内通して、結局信濃国衆の多くが武田氏に服属することになった。

こうした過程を経て、いわゆる川中島合戦が始まってから、上杉謙信は自らの戦いは信濃国の武士たちの救援要請に応じた正義の戦いであると、次のように述べている。「信濃国は隣国であることはもちろんのことだが、村上をはじめ、井上・須田・島津・栗田などの面々の要請があり、特に高梨政頼《まさより》は特別な友好関係があるので、見捨てることができず、信玄との戦いに踏み切ったのである」と。武田氏が信濃征服を達成した後にも、謙信の来援を待って、武田に背く機会を狙っていた武士たちは少なくなかった。

信玄の信濃国征服とは、何よりも上野上杉氏、そして後には上杉謙信と、武田信玄との狭間にあった信濃国の武士たちの間に展開した、複雑な「外交」関係の産物である。だから、川中島合戦は、信濃武士たちの作り出す向背の激しい政治状況に、武田信玄、上杉謙信の両者も自らの「面目」をかけて介入せざるを得なかったから起こったといえる。

やむを得ず直面した戦争、いつ変わるかわからない政治情勢の中で、宗教の果たした役割を次にみていきたい。

双方祈禱の応酬

いわゆる川中島合戦は五回行われている（図２）。第一回は、前述のように村上義清ら信濃国の武士たちからの要請で、上杉謙信が天文二二年（一五五三）、救援を名目に信濃に出兵し、合戦となった。まず四月、武田勢は八幡《やはた》で村上氏ら謙信方の兵と会戦。この緒戦は武田方が劣勢で信玄は甲府へ帰還し、村上義清は塩田《しおだ》城（上田市）に入った。七月、武田側は塩田城へ進軍を開始、八月、村上義清は逃亡し、信玄は一六の城を攻略した。八月末に武田・上杉両軍は布施《ふせ》（長野市）で衝突し、八幡で武田方は敗北、上杉謙信は信濃に侵攻するも結局越後へ撤退する。

この一連の戦闘の終わった一二月、武田信玄は京都清水寺《きよみずでら》の成就院《じょうじゅいん》に、信濃出陣の折に信玄のために祈禱し、その巻《かん》数《ず》（読誦した経典の巻数を記し祈禱したことを示す文書）や観音像などを贈ったことへの感謝状を送り、「天文一三年以来の祈禱がようやく成就しようとしているが、信州一二郡のうち、一郡の経略がまだであるので、これが終わった後、感謝の品を進納」することを約束している。そしてさらに秋に行われた上杉氏との戦いに勝ったことを「ひとえに仏の力」の賜物と感謝して黄金一〇両を奉納し、武運長久の祈りを依頼している。

図2　川中島合戦の戦場

第二回の合戦は、天文二四年（一〇月に改元して弘治《こうじ》元年）に行われた。大日向美作入道《おびなたみまさかにゅうどう》が上杉氏から千見城《せんみ》を奪回し、善光寺《ぜんこうじ》の栗田《くりた》鶴寿《かくじゅ》が武田氏と結ぶなど、信濃情勢が武田方に有利に展開したため、上杉謙信は信濃へ出陣する。武田方は旭山《あさひやま》城を拠点に、上杉方は葛山《かつらやま》城を拠点に対峙して戦線は膠着、今川義元《よしもと》が仲介した講和により閏《うるう》一〇月に両軍は撤退した。この時も武田信玄は、戦闘中の九月、諏訪社の神官守矢《もりや》頼真《よりざね》に、祈禱を行い守りを送ってくれたことを感謝し、さらに武運長久を祈ってくれるよう依頼している。一方の上杉謙信もまた、清浄心院という寺院に、戦勝のための祈禱に対する感謝状を送っている。

三回目は弘治三年(一五五七)のことである。二月、武田信玄は上杉方の葛山城を攻略し、上杉謙信は善光寺に出陣して武田方の山田城・福島城を奪還し、旭山城に陣を移した。八月、両者は信濃国上野原《うえのはら》で交戦する。戦闘の内実は不明な点が多いが、武田信玄は一〇月に甲府に帰った。

出陣前の一月、上杉謙信は八幡社の宝前に願文を捧げ、武田信玄が信濃国で行った悪事の数々を並べ立て、出陣がいかに正当であるかを縷々《るる》述べている。信玄が信濃に侵攻して国土を荒らし、神社・仏塔を破壊したため国の民の悲嘆は長年にわたっているとし、隣国の国主として信濃国の武士らと友好を保ってきた謙信が、信玄に遺恨をもって救援のために戦うことの正当性を力説している。信玄のような者がいかに神仏を崇拝したとしても、国を奪い、諸家、万民を悩ませた者の願いを神仏が叶えるはずがないと断言し、勝利の暁には土地を寄付することを約束している。他方の信玄もまた四月、勝利のために神官や巫女に至るまで一心に祈禱するよう守矢頼真に促している。六月には、謙信との対陣中、信玄のために行った祈禱に対する礼を述べ、敵が退散するよう武運長久の祈念を凝らしてほしいと依頼している。

神仏への罪業・背徳行為

四回目は永禄《えいろく》四年(一五六一)のことである。前年に上杉謙信は関東へ侵攻し、この時小田原城を攻撃するなど北条氏と対戦していた。三月、武田信玄は北条氏からの援軍要請に応じて相模《さがみ》へ進軍する。謙信は六月下旬に越後へ帰還し、改めて八月下旬武田氏を攻撃すべく信濃へ出陣する。そして九月、両者が直接刃を交わしたとの伝説がある有名な会戦が行われた。

四回目に関する願文は武田方のものしか見当たらないが、四月に信玄の家臣の小山田信有が武運長久を願って神馬の奉納を約束している。さらに戦闘後の一〇月、信玄が成就院に、祈禱のおかげで越後軍から大勝利を得たことを感謝し、土地の寄付を約束している。

五回目は永禄七年、飛騨《ひだ》に出撃中の武田軍を牽制すべく上杉謙信が川中島に出陣したものである。飛騨国では、三木《みつき》、江馬《えま》、麻生野《あそうの》、広瀬の各氏が割拠し、飛騨国司姉小路《あねがこうじ》氏の名跡を僭称する三木良頼《よしより》が最も有力で、これに対抗する広瀬宗城《むねなり》・江馬時盛《ときもり》・麻生野慶盛《よしもり》らが武田信玄と結び、三木良頼・光頼《みつより》(自綱《よりつな》)父子、江馬輝盛《てるもり》(時盛の子)らは謙信につくという構図ができていた。武田、上杉という有力大名の影響下に、信濃と同じく、双方につく武士たちが対立していたのである。結局両者は直接戦闘を交えることなく終わった。

出陣中の八月、上杉謙信は願文を記して信玄の悪行を挙げ、戦闘が勝利に終わった暁には寺社、神領を以前のとおり復興することを誓っている。その悪行としては飯綱《いづな》・戸隠《とがくし》・小菅《こすげ》の三つの神社、善光寺など信濃の名だたる寺社を衰退させたこと、人々を苦しめ悲しませたこと、信州の寺社の所領を荒廃させ仏法を破滅させたこと、親不孝(信虎の追放)などを挙げている。謙信の願文の特徴として、敵方の寺社に対する不敬・不信心の行為や世俗的な背徳を強調し、自らの正義を力説する点が挙げられるが、これは後にみることにしたい。一方の信玄も諏訪上社の大祝《おおはふり》諏訪頼忠に神前での武運長久の祈りを依頼している。

以上のように五度にわたる戦闘に際し、数々の戦勝祈願の行われたことが知られる。隠滅した史料の存在を考えれば、戦闘に際しては常に大名の手で戦勝祈願が行われたことはほぼ間違いない。川中島の五度の合戦からみても、戦国大名による戦争には、戦勝祈願という宗教行為がつきものであったということである。

2　戦争の呪術・大名の信仰

そもそも戦争という行為自体が、この時代には多分に呪術を含むものであった。戦場に臨む者は神仏の加護を祈った守りを携行した。戦場に携行する軍旗にも宗教的な言説を記したものが用いられ、その軍旗を仕立てる際にも宗教的な儀礼が必要であった。何よりも戦場での軍略を担当する軍配者《ぐんぱいしゃ》と呼ばれる戦さの参謀たちは、占筮術《せんぜいじゅつ》に長けた占い師であることが必要とされたのである。これらの点を明らかにした小和田哲男氏の研究によりつつ、まずは戦場の呪術的様相を概観したい。

さらに戦争の当事者であった戦国大名が、どのような信仰をもっていたかをみていこう。とかく戦国大名は、その権謀術数や権勢欲が注目されやすく、殊に戦争に臨む際には、きわめて打算的で合理的な政治家として描かれがちである。しかしこうした見方は、その戦勝祈願をみればきわめて一面的であるように思われる。

加えて戦争は大名個人だけで行うものではない。上は大名や重臣から、下は一兵卒に至る、多くの人々の軍事的結束による行為であり、死に直面した庶民の心性を考慮することなく遂行できるものではない。軍勢の頂点に立つ戦国大名がこうした心性と無縁であったとは思われない以上、その信仰は重要な意味をもつに違いない。

戦場の守り

まず、戦場での死を覚悟した武士たちが、しばしば名号や法号を記した守りや本尊を携行していたことが目につく。例えば『陰徳太平記《いんとくたいへいき》』では「南無阿弥陀仏」の文字を記した阿弥陀如来《あみだにょらい》の名号や「南無妙法蓮華経」の「法華の題目」を記したものを身につけたと書かれているし、将軍足利義満《よしみつ》が山名《やまな》氏清《うじきよ》を滅ぼした明徳《めいとく》の乱を描いた『明徳記』には、死を覚悟した将兵が、「弥陀の名号」や「阿字本来の曼荼羅」を首にかけて死に備えたと記されている。これらは仏の依代《よりしろ》と考えられ、戦死の際に仏に守られての成仏を期するために携行されるのが本来の趣旨であった。しかし、例えば一向一揆の伝承をもつ寺院では、こうした目的に使用されると伝えられる名号が「矢よけの名号」と呼ばれているように、加護を祈るための守りとも認識されていたのである。

キリシタンにおいても守りの携行は行われていた。イエズス会宣教師ルイス・フロイスによると、豊後《ぶんご》の大名大友《おおとも》氏家中にいた林ゴンサロという武士は、敵の鉄砲に撃たれ、地面に倒れたが負傷せずに済んだ。というのは弾丸が、彼が戦場に携行していた聖遺物入れの袋に命中し、袋の中の小さなアグネス・デイ(神の小羊を象《かたど》った蠟《ろう》細工)や聖遺物により食い止められたからであった。また同じく宣教師のアレサンドロ・ヴァリニャーノによると、著名なキリシタン大名有馬《ありま》晴信《はるのぶ》もローマ教皇から賜った聖遺物箱を戦場に携行し、勝利を確信していた。聖遺物箱やアグネス・デイ等の聖宝は守りと見なされていたのである。

また宣教師ルイス・デ・アルメイダが記すところでは、キリシタンの武士たちは戦いに赴くに際して、戦場での守りとして「何らかの聖宝か、または福音書か、または祈禱文を記した物」を与えてほしいと申し出た。アルメイダは、戦場では十字を切り、イエズスとマリアの御名を唱えればよい、それ以上の必要はないと答えた。こうして戦場に赴いた武士たちは大勝利をあげることができ、以後、戦場では必ず十字を切り、イエズス・マリアの名を唱えるようになったという。

それればかりではなく、戦場に携行する鎧《よろい》、甲《かぶと》などに神を勧請することも行われた。『兵具雑記《ひょうぐざっき》』という書物には、「具足」(鎧)の守りとして梵字《ぼんじ》を袖・胸板・押付《おしつけ》(背の上部)に書き、甲にも背面と表に同様のことをして伊勢大神宮、八幡大菩薩を勧請せよ、などと武具に守りを行う作法が記されている。

総じて、戦国時代の日本では、外来の信仰を受け入れたキリシタンを含め、戦場に赴く際には、広い意味での神仏の守りが不可欠と考えられていたことがわかる。

こうした点は戦場に携行する旗指物《はたさしもの》も同様であった(図3)。武田信玄が諏訪明神の神号であ

図3　武田(左，雲峰寺所蔵)・上杉(上，上杉神社所蔵)・キリシタン(下，天草市立天草キリシタン館所蔵)旗指物
左は諏訪明神の神号，上は毘沙門天を表す一字，下は聖餅・聖杯と天使の上に聖句を記す．

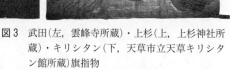

る「南無諏方南宮法性上下大明神」の軍旗を用い、上杉謙信は毘沙門天《びしゃもんてん》（多聞天《たもんてん》）を表す「毘」の軍旗を用い、徳川家康は浄土信仰の言説である「厭離穢土《おんりえど》、欣求浄土《ごんぐじょうど》」と記した軍旗を用いたと伝えられる。宗教的な、いわば聖句を記した軍旗を用いる点はキリシタンも同じであり、有名な島原の乱で用いたと伝えられる旗は、聖杯と聖餅の両側に天使を描いた図柄である。そして、その上部には「LOVVADO SEIA O SÃCTISSIMO SACRAMENTO」（至誠なる聖体の秘蹟は讃美されよ）と記されている。キリシタンが十字架を記した旗指物を用いたというのも同じ守りの意味であろう。

このような旗を効力あるものとして仕立てるには、ある種の宗教的作法が必要と考えられていたようである。『中原高忠軍陣聞書《なかはらたかただぐんじんききがき》』には旗を仕立てる際の手続きの一つとして、九字の真言や戦さの神とされた摩利支天《まりしてん》の真言を唱えることが必要であると記されている。また『兵《ひょう》将陣訓要略鈔《しょうじんくんようりゃくしょう》』にも旗の手（旗の上部）に神を勧請する際に印《いん》を結び、「唵阿利哉美陀今一切婆《おんありやみたきんいっさいは》羅蜜多吽多羅陀娑婆訶《らみたうんたらたそわか》」との真言を唱えるべきことが記されている。

軍配者の戦争

もう一つこの時代の戦争を特徴づけるのは、軍配者と呼ばれる軍師による占いや祈禱が戦国武将らの信頼を得て重要視されていたことである。例えば北条氏の軍勢には根来金谷斎という軍配者や、白井入道という軍配の名人が、豊後国大友宗麟《そうりん》のもとには角隈石宗という「軍法者」がいたことが知られている。

そして武田信玄のもとには、永禄四年（一五六一）の四度目の川中島合戦で討ち死にした山本勘介《かんすけ》（菅助）という軍配者がいたことが広く知られており、近年はその実在も確かめられた。また『甲陽日記《こうようにっき》』の記主とされる駒井高白斎という軍配者もおり、天文一九年（一五五〇）に武田信玄が村上義清に敗北した戸石《といし》崩れと呼ばれる戦いの際には、実際に「気」をみている。例えば八月二五日には「長窪の陣所の上に辰巳《たつみ》（南東）の方に、黒雲の中に赤雲立ち、西の雲まずなびく気」を記しており、二九日には「酉《とり》の刻（午後六時頃）、西の方に赤黄の雲五尺ばかり立ちて、紅のごとくにして消え」たことを見聞している。『兵将陣訓要略鈔』も、敵の城に立つ気の様子をみることとの重要性を説いている。

こうした軍配者に対する需要は大きかったとみえ、戦国時代にイエズス会宣教師フランシスコ・ザビエルが「坂東の大学」と評した足利学校では、易学の研修が行われ、その一部門として占筮を学んだ者たちが軍配者として大名から取り立てられていたという。足利学校は古く足利義兼《よしかね》が創始したと伝えられるが、室町時代初期に上杉憲実《のりざね》により再興された。川瀬一馬氏によると、武家社会で特に占筮術に通暁した者が求められていた事情から、易学の中でも、その応用部門である占筮術を学ぶことが来校する学徒の主な目的であり、全国各地から学徒が集まった。また、軍配者として活躍した者のうち、足利学校出身者としては、小早川隆景《こばやかわたかかげ》の招聘した玉仲宗琇・白鷗玄修、鍋島直茂《なおしげ》の招聘した不鉄桂文、上杉景勝の家臣直江兼続《なおえかねつぐ》の軍師を務めた涸轍祖博などが数えられるという。

軍配者たちが行う占いの大きなものは、戦争を開始するのによい日、いわゆる吉日・良辰《りょうしん》や、進軍すべき方角を占うことであった。とはいえ、こうした吉日・良辰・方角は無条件に信じられていたわけではなかった。例えば越前朝倉氏の初代として知られる朝倉孝景《たかかげ》が記した『朝倉孝景条々』には、「戦いに勝てる時であり、城を取れる時であるにもかかわらず、吉日を選び方角を考えたあげく時期を逃してしまうことほど悔しいものはない。吉日でも大風の日に船を出し、人数が集まらないのに大軍に立ち向かって勝てるはずがない。悪い日や悪い方向であろうと八幡大菩薩や摩利支天に心から祈り、全力で戦えば必ず勝てる」と述べられているのは有名である。

ただしこうした考え方は、特に孝景独自のものではなかった。『中原高忠軍陣聞書』では、悪い日に合戦をする時には通常と逆の作法をし、昼の間は軍配の月の方を表にして使い、夜間は日の方を表にして使うべきことを述べている。吉日でなくとも対応する方法はある。要は悪い日であるという認識が全軍に広がり、志気に影響するようではいけないから、日柄を占う必要があるのである。これは現代でも建築工事で、竣工までの無事を祈って建前の神事をすることと、さして変わらないともいえよう。

呪術による攻撃

もう一つ、現代ではありえない宗教的戦争が行われた例にも触れておきたい。一五世紀の中ごろ、京都を一〇年以上にわたり、諸大名が戦乱におとしいれた応仁《おうにん》の乱の際、密教の五壇法《ごだんほう》(不動《ふどう》・降三世《ごうさんぜ》・軍荼利《ぐんだり》・大威徳《だいいとく》・金剛夜叉《こんごうやしゃ》の五大明王の壇をつらねて同時に修する密教の修法)による敵方の調伏《ちょうぶく》(呪詛)が行われたと『応仁記』は記している。諸国の大名が細川勝元《かつもと》を大将とする東軍方と、山名宗全《そうぜん》を大将とする西軍方とに分かれて、京都を戦場に繰り広げられた戦いの中、東軍方では細川勝元の提案で、青蓮院《しょうれんいん》・妙法院《みょうほういん》・三宝院《さんぼういん》・聖護院《しょうごいん》及び「南都の門跡《もんぜき》一人」が出て、敵を調伏する五壇法が執り行われたという。

同様の事例は出雲《いずも》の戦国大名尼子《あまこ》氏、周防《すおう》・長門《ながと》の大内義隆《よしたか》にもみられるが、武田信玄が上杉謙信の調伏を延暦寺の僧侶に依頼した事例を紹介しよう。永禄六年(一五六三)に武田信玄と北条氏康の両者から依頼をうけたため、比叡山延暦寺正覚坊の重盛が、上杉謙信の調伏を行ったとの情報が上杉方に入った。これに対して上杉方が重盛に問い質したところ、重盛はそのような事実は一切ないと、誓約をもって言明する一方、重盛の先代の時には武田信玄からの調伏の依頼があったことを明らかにしている。

すなわち重盛の師匠空運の時代、武田信玄から調伏祈念の依頼があったが、当比叡山はそのような修法を行うことが禁止されていることを理由にこれを謝絶した。現に信玄の願書は放置したため、今では反故《ほご》になっている。自分の師匠も越後国に対して異心はなく、特に愚僧は謙信の父の為景以来、上杉家のために祈念を凝らしてきたと聞いている。だから異心などあるはずがないのに、こんな嫌疑をうけるのは大変嘆かわしいと重盛は述べ、反故となった信玄の願書を証拠としてそちらに送って身の証としたいと申し出ている。

これに続けて重盛はいう。ただし信玄がかつて調伏を依頼したことを、自分がそちらに明かしたことは内密にしてもらいたい、なぜなら(信玄が勢力をもっている)信濃国には当正覚坊の末寺があり、自分が信玄の悪事を謙信に告げたことがわかったら大変なことになるだろうから、というのである。比叡山を仕切る三院の各室にも事情を告げて、三院の連署と執行代の書状を送るので、どうか疑いを晴らしていただきたい、その上で「御屋形《おやかた》」すなわち謙信の武運長久を油断なく祈りあげる、と結んでいる。

さらに八月二七日にも重盛は、不断護摩《ふだんごま》の修法を行い、上杉家の武運長久を祈ったことを記した書状を上杉方に送っている。

このやりとりから、武田信玄が実際に延暦寺に上杉謙信の呪詛を依頼したことが窺えよう。そしてこのような呪詛は極秘事項に属することであり、断った正覚坊の方も、自らこれを明かしたことにより信玄からうける報復を恐れていることも窺える。おそらくは表沙汰にはできない、いわば禁じ手とされるような事柄であり、しかし実際には秘密裏になされていたことが想定される。これもまた戦国時代の戦争の一面といえよう。

朝廷・寺院と武田信玄

武田信玄は、領内の臨済宗寺院向嶽庵《こうがくあん》(甲州市)が天文一六年(一五四七)、朝廷から十刹の一つである紀伊興国寺《こうこくじ》(和歌山県由良町)に準ずる寺格を得て向嶽寺となり、開山の抜隊得勝《ばっすいとくしょう》(一三二七―八七)に禅師号が与えられた際、「甲斐の名誉であり得勝門派の繁栄である」と喜んで、「当庵贔屓」により五ヶ条の壁書《かべがき》(法令)も与えている。向嶽庵は、抜隊得勝が信玄の祖武田信成より塩山の地の寄進を受けて開いた寺院であった。そして翌天文一七年に、自らの祈願所として、土地を寄付し、諸役を免除し、修学に励むよう命じている。

元亀《げんき》元年(一五七〇)一〇月に武田領内の曹洞宗教団は、「新法度」と題する一一ヶ条に及ぶ規則を定めた。ここには六人の僧侶が傘連判《かされんぱん》(署判者の名を円型に記す署判の形式、一揆の連判などに用いる)の署判をしている。信濃国龍雲寺北高全祝によると、これは信玄が自筆で草案を書いたが、自ら制定者となることを固辞したため、諸寺の連判という形をとり、さらにその事情を天皇に奏上し、「勅書」を下されたものだったという。これらの事例からみれば、信玄は禅宗に傾倒し、関わりをもつこと深く、さらにそれを権威づける者として天皇をも尊重していたようである。

ただし、無条件に朝廷や寺院の権威を尊重したわけでもなかった。弘治四年(一五五八)一月、正親町《おおぎまち》天皇は綸旨《りんじ》を発し、信濃伊那《いな》郡にある醍醐寺理性院《だいごじりしょういん》の末寺文永寺《ぶんえいじ》・安養寺《あんようじ》の再興を求めた。綸旨によれば、この両方の寺は後花園《ごはなぞの》天皇の時代に天皇の帰依が深く、醍醐寺理性院の末寺となったものだという。醍醐寺理性院といえば、朝廷で正月に行われる太元帥法《たいげんのほう》を務めると同時に、真言宗寺院として天皇家の永続と国家の繁栄になくてはならない寺院であるのに、その末寺が失われてしまったことは嘆かわしい、一刻も早く再興の労を取られたい、との天皇の意向が伝えられたものだった。当時末寺は、所領と同じく本寺にとっては貴重な財源だったからである。

これに対して同年閏六月、武田信玄は理性院に対して次のように答えた。安養寺・文永寺の二ヶ寺は、ことに由緒正しい寺院であるから、綸旨を賜った以上、ご反論に及ぶべきではないけれども、現在ここ信濃の地では戦争が起こっているので、自らの武運を祈るために両寺を同じ信濃国法善寺に寄付しており、再興のことはいかんともしがたい。ともかくも当年の秋、越後国に向けて出陣する際には、ぜひとも戦いに勝利するように理性院の御坊さま方に祈願をお願いする次第である。そのおかげで勝利した暁には、必ず本寺(つまり理性院)に寄付申し上げるつもりである。勝手を申して恐縮の極みであるが、どうか使者の僧の口から詳細をお聞き願いたい、と。

文永寺・安養寺の二ヶ寺は、信濃の地における信玄自身の武運のために役立てているので、今のところお返しできないが、理性院の祈禱が勝利をもたらす霊験あらたかなものであることが証明されれば、直ちにお返し申し上げる、というわけである。ここには戦国大名自身の武運こそが寺院経済を支えるものであり、寺院もまたそのために奉仕すべきである、という信玄の自己主張が述べられているのである。

こうした言説をみると、武田信玄が寺院や朝廷の権威を尊重するのは、自身の権勢が安泰である限りにおいてにすぎず、その実態はきわめてプラグマティックなものなのではないか、との見方も成り立つかに思われる。しかし一方、元亀三年(一五七二)に、信玄は京都曼殊院《まんしゅいん》門跡覚恕《かくにょ》の斡旋により、権僧正に任ぜられた。元亀三年といえば織田信長の有名な比叡山焼き討ちの翌年である。この期に及んでわざわざ所領寄付を約束し、天台僧として僧官をうけたことをみれば、打算のみで動いていたとも言い難い。

鬮へのこだわり

武田信玄が、自分自身の祈念が聞き届けられるようにと、鬮《くじ》を引いた結果に大変こだわった事例がある。永禄七年(一五六四)二月、信玄の依頼した祈禱を行って諏訪上社・下社で鬮を引いたところ、その結果がそれぞれ違ったという。信玄は、上社・下社双方を管轄している薬王寺と慈眼寺に宛てた書状の中で、次のように述べている。

「自分の祈願が神慮に叶わなければ両社で鬮の結果が別々になるようにと祈念した上で行ったところ、上下両宮の鬮が別々になってしまった。これは大変恐ろしいことなので、新たに願を立てて鬮を取ることにした。両社の神前で一途に祈念を凝らされ、信玄の長年に及ぶ神前への供物が怠慢なく、神を敬ってきたことを両社が受け入れて下さるのであれば、今度は上下両宮が同じとなるように鬮を念じ取られたいと自筆で祈願を書いた。本来は薬王寺と慈眼寺と、それぞれ別々に書状をしたためるべきであるが、目を患っているのでそれを省いたことを理解されたい」と述べ、布施物は祈念成就の暁に使者を介して送る旨を伝えている。

自分の祈念したとおりの結果が出なかった場合、信玄もまた恐怖を感じ、さらに神意を確かめようとしたことが窺えよう。こうした点からみれば、醍醐寺理性院に対してあれほど人をくった態度の取れた信玄でも、自身の願が通じないかもしれないとの疑いが萌《きざ》した時は、ひたすら神慮を探ろうとしたといえよう。こうしてみると、武田信玄が川中島合戦をはじめ、生涯の合戦の中で行っていた戦勝祈願は、単なる儀式を超えたものであったことが了解できるのではないか。

この前年に信玄は北条氏政《うじまさ》の妻となった息女の安産を祈願して、富士《ふじ》浅間《あさま》神社に願文を納めているし、永禄八年には、この息女の病気平癒を同じく富士浅間神社に祈願して、息女自身を富士山に参詣させ、僧衆に五部の大乗経を読誦させ、神馬三疋を奉納することを約束している。自分の娘の息災を神に祈る感情は、真剣に神慮を問う姿と重なるものである。時には慢心の萌すこともありながら、基本的には神仏に対し、篤い信仰をもっていたのが信玄の本音ではなかったか。

神仏は正義の味方

では、対する上杉謙信はどのように神仏を信じていたのだろうか。五度目の川中島合戦の折、武田氏との一戦に備えて永禄七年(一五六四)八月に信濃国更級《さらしな》八幡宮(武水別《たけみずわけ》神社)に納めた、先にも触れた願文を詳しくみてみよう。武田信玄の撃滅を祈ったものである。

最初に祭神八幡の本地《ほんじ》(日本に神として現れる以前の本体)が毘盧遮那仏《びるしゃなぶつ》であり、神功《じんぐう》皇后の胎内に宿って八幡神となった戦さの神であるとの由緒を高らかに宣言した後、武田信玄の罪状を述べ立てる。第一に、天皇や将軍から賜ったのでもなく自らの国でもない信濃へ不当に侵攻したばかりか、そこで戸隠・飯綱・小菅等の神社や善光寺等の寺院を蹂躙し、聖なる神仏の領域を侵害したこと、また京都の公家や山門(比叡山延暦寺)など正当な領主の所領を掠奪したことを非難する。

第二に、そのことにより信濃国の住民を苦しめ悲しませるという、民を安んずべき為政者にあるまじき行為をしたとなじる。そして第三に、齢八〇になる老父(つまり武田信虎)を追放して路頭に迷わせ、洛中洛外をさまよわせるという恥辱を与えた親不孝者であると断罪するのである。その上で、これほど数えきれない重い罪を犯した信玄にいまだに天罰が下らないことは訝《いぶか》しいが、そろそろその時刻が到来するに違いないと期待を述べている。

他方自分自身については、神仏に対しても世俗の道徳においても正義を守っていることを強調している。自分は決して信濃を侵略しようとしているのではなく、小笠原、村上以下の信濃国の武士たちの要請に応え、隣国を救援するために出陣している、と表明。自分の正当な戦争と、武田信玄の邪《よこしま》な戦争とはまったく別物であると断じた上で、神はそれをご存知のはずであり、「神は非礼を享けず」との言葉どおり、不正義を助けることはないとの信念を述べる。そして戦勝成就の暁には更級八幡宮の修造を果たし、土地を寄付することを約束して武運長久を祈っている。

謙信の願文の特徴として、神は正義に味方するとの信念を掲げ、自分の正義と敵対者（この場合は武田信玄）の不正義とを評価し、神が必ずや自分の方を助けるとの確信を表明した上で、戦勝を祈願している点があげられよう。この特徴はここに示した五度目の川中島合戦の折の願文とも、また天正三年（一五七五）四月に北条氏政との戦闘を想定し神前に捧げた願文とも共通している。

後者では敵対する北条氏政の悪事が並べられる。謙信の分国（上野）に介入し、以前に起請文によって謙信と和睦したにもかかわらず翌年に誓約を破ったこと、上杉家に養子に出した弟

（北条氏秀、のち上杉景虎《かげとら》）とそれに忠義を尽くした遠山康光・康英父子を見捨てたこと、父北条氏康の遺言に背き関東公方《くぼう》足利藤氏《ふじうじ》を切腹させたことを非難し、「天道や神慮や法律もわきまえず、親子兄弟の愛情・道徳を知らず、神罰を怖れず誓約を破った彼に、神仏が罰を下さないことがあろうか」と断罪する。

謙信自身はといえば、「天道を重んじ」正義の戦争を行ってきたばかりか、去年剃髪・出家して護摩《ごま》・灌頂《かんじょう》などの仏事を取り行い、法印大和尚の地位を得た上、信仰を深め、毘沙門天を崇め、深く現世・来世の救いを求めていると述べる。その上で「北条氏政とこの謙信とを並べてみれば、道理と無道とを並べるようなものではないか。どうか神仏の報いが空しいものでないならば、道理によって謙信の祈願を叶え、関東の支配と北条氏討滅とを実現させてほしい」と結んでいる。

このように上杉謙信は、神仏に対しても現世の政治的行為に関しても、正義が勝利し悪が滅びるとの信念を強く表明している。もちろんこれは謙信本人の信念であると共に、その表明によって付き従う軍勢も鼓舞される、との思惑に基づいていたとみるべきものであろう。この時代には世俗道徳の実践が神仏を動かすという天道の観念が広く受け入れられていたが、この点は第五章で詳しくみることにする。

法要の威力

ところで謙信の願文でさらに注目されるのは、謙信が剃髪・出家し、護摩・灌頂などの法事を取り行ったことを神仏への寄与と考え、戦勝に結びつくとみている点である。謙信がこのような法要を戦勝祈願に有効であるとみていたことは次の願文からも窺える。元亀元年(一五七〇)一二月に、来春二、三月中に越中に出馬し、越中一国を掌握できるよう捧げた願文である。

まず阿弥陀如来に対し真言を三百返唱え、念仏を千二百返唱えたうえ仁王経《にんのうきょう》一巻を読誦したこと、次に千手観音《せんじゅかんのん》に対し真言を千二百返唱え、仁王経二巻を読誦したこと、さらに摩利支天《まりしてん》に真言千二百返を唱え、摩利支天経一巻を唱えたこと、以下日天(太陽を神格化したもの)、弁財天、愛宕勝軍地蔵《あたごしょうぐんじぞう》、十一面観音、不動明王《ふどうみょうおう》、愛染明王《あいぜんみょうおう》等に対し、いずれも真言七百返を唱え、仁王経二巻を読誦したと記し、「来年二月、三月中の越中出馬の留守中に越後・関東が無事であり、越中を掌握できたならば、来年一年間、毎日看経(読経)すること」を約束している。

真言とは密教で用いられる、諸々の仏・菩薩あるいは諸天(天上界の神々)に呼びかけて願をかける祈願の句である。それ自体に神聖な力があってその神仏に働きかける力をもつとされ、これを加持・祈禱などでは声高に唱えることが広く行われた。ここに挙げられた阿弥陀如来、千手観音、日天、弁財天、十一面観音、不動明王、愛染明王それぞれに対応した、現在も密教の作法として唱えられる真言が存在している。例えば不動明王の真言は謡曲「葵上《あおいのうえ》」で唱えられるように「曩謨三曼陀縛日羅赦《なまくさまんだばさらだ》　施陀摩訶嚕遮那《せんだまかろしゃな》　娑婆多耶吽多羅吒干鋡《そわたやうんたらたかんまん》」である。また仁王経は仁王般若経の略称であり、護国経として重視され、中国・朝鮮・日本を通じて仁王会《にんのうえ》（仁王経を読誦して除災招福・鎮護国家を祈る法会）などの国家仏事に重用された。

　このような法要それ自体が、仏の世界に功徳を積むものと考えられていたことは想像にたやすいが、謙信にとってはこれが戦勝祈願においても有効と考えられていたといえよう。

　元亀三年六月、謙信は加賀と越中瑞泉寺・安養寺など本願寺門徒による一揆と対戦するに際しても、一揆の退散を祈願して次のような願文を捧げた。すなわち六人の僧侶に申し付けて摩利支天法を七日修行して仁王経を読誦し、さらに尊勝陀羅尼《そんしょうだらに》（仏の頭頂の肉髻《にくけい》に関する功徳や境地を讃える真言のこと）、千手陀羅尼（千手観音の真言）を読誦させたことを述べ、「加賀・越中の敵どもがことごとく退散して反乱が止み、越中・信濃・関東・越後の、「藤原謙信」（上杉謙信）の分国が無事かつ安全に長く統治され、人々が安心して暮らせるように」との祈願文が記されている。

毛利元就の信仰

これまで武田信玄、上杉謙信を中心に、戦争における大名の信仰をみてきた。この二人以外にもその信仰のありさまがわかるものとして毛利元就《もとなり》の場合がある。元就が毛利隆元《たかもと》、小早川隆景、吉川元春《きっかわもとはる》という三人の子息に向けて書いた有名な書状にあるのだが、これによると元就は一一歳の折、毛利家を訪れた旅の僧から念仏の伝授をうけたという。そして今に至るまで毎朝唱えているが、それは朝日を拝んで念仏を一〇返ずつ唱えれば、来世の救いはもちろんのこと、現世での祈禱ともなると伝授の時に聞いたからであるという。我々の習慣として現世の願いを「御日」つまり太陽へかけるが、その上にこの念仏も一身の加護となると思っており、息子たち三人とも毎朝やるべきだと述べている。「日月《じつげつ》」(太陽と月)も念仏も同じことだと付け加えている。

さらに同じ書状の中で、厳島《いつくしま》明神への信仰が大事であると説いている。それは次のような理由からである。最初、折敷畑での合戦の際、いざ合戦が始まろうという時に、厳島からの使者が神前への供米《くまい》と毛利方のために祈禱を行ったことを記す「巻数」を届けてくれた。さては神のお告げではないかと思い、勇躍戦いを進めた結果、勝利を得たというのである。次に厳島の要害(防御施設)を普請するために出向いたところ、偶然に敵の船が三艘来たために直ちに合戦となり、多くの頸を要害の裾のところに並べ置くことになったという。その時、自分たちが厳島に出向いたのはこのような勝ち戦さへの、厳島の神のお導きであったと気付き、大明神の加護をうけていると確信したという。以上の理由を挙げて息子たちに厳島明神への信仰が重要であると説いている。

念仏とは阿弥陀如来への信仰であり、仏教のうちの浄土信仰に分類されるもの、他方厳島の神とは、市杵島姫命《いちきしまひめのみこと》ら三女神を祀る神祇信仰に分類されるものであろう。だがそのような区別は武田信玄、上杉謙信をみてもわかるように、毛利元就にとっても何ら意味のあるものではなかった。彼らは信仰対象を単に「神仏」と述べることが多く、ここにみるように念仏と太陽や月への信仰すら並列されているのである。

こうした信仰のあり方と関わるのであろうか、天正三年(一五七五)に、毛利家には京都の醍醐寺を本寺と仰ぐ当山派修験から、醍醐寺の開山聖宝《しょうぼう》の御影堂造営について寄付を募る要請がなされ、寄付いただければ祈念を専一に行うと約束している。さらに上醍醐寺の僧から、寄付は領国に繁栄をもたらすものと述べ、まず巻数・守りを進上し、武運長久の祈りに励むと通知されている(関口真規子氏による)。これに対して毛利家がどのように対応したのかはわからないが、当山派修験や上醍醐寺の僧からみて毛利氏が寄付に応じることは十分に考えられたのであり、当時の戦国大名の信仰が戦勝祈願と密接に関わっていたことを窺わせる。

少し時代を遡るが天文二二年（一五五三）、伊勢神宮外宮が遷宮を行うための費用を負担するよう諸大名に寄付を呼びかけたことがある。要請をうけたのは、近江の六角《ろっかく》氏、出雲の尼子氏、甲斐武田氏、越前朝倉氏、関東北条氏、美濃斎藤氏、駿河今川氏とその一族、家臣たちである。ここでも寄付の依頼には、御承知いただければ、御武運長久のお祈りとしてこれに過ぎるものはないとお考え下さい、と述べられており、戦勝祈願という、大名らの重要な関心事を熟知した上で呼びかけが行われたことが窺える。

織田信長は合理的無神論者か？

諸大名の中で足利義昭《よしあき》を奉じて京都に入った織田信長は、これまでみてきたような信仰とはどのように関わっていたのだろうか。この点を述べるものとして有名なのは、当時ヨーロッパから来日してキリスト教宣教に携わっていたイエズス会宣教師の一人ルイス・フロイスの書いた次のような記述である。

「彼が天下を統治し始めた頃は三七歳くらいであったろう。中くらいの背丈で、痩せた体軀で少ししか髭はなく、声はよく通る。極度に好戦的で軍事的業務を好み、名誉心に富み、正義において厳格であった。……彼はよき理解力と明晰な判断力を具《そな》え、神および仏のいっさいの礼拝、尊崇、ならびにあらゆる異教的卜占《ぼくせん》や迷信を軽蔑していた。当初は名目上、法華宗に属しているようにみせていたが、高位・要職に就いて後は自惚れ、すべての偶像より己の方を選び、若干の点、禅宗の見解に同意して、霊魂の不滅、来世の賞罰などはないと見なした」(『日本史』第一部第八三章)。

ここには神仏への礼拝や尊崇、「異教」の占いや「迷信」に無関心な、つまりは在来の日本の信仰には無縁ともいえる信長像が活写されている。それは事実なのであろうか。ここでは信長が巻数の礼状を記している点に注目したい。巻数とは前に述べたとおり、依頼に応じて読誦した経文・陀羅尼などの題名や回数を記して依頼者に贈ったものである。つまり巻数の礼状を書いていることは、経文の読誦や陀羅尼《だらに》を唱えるなどの、祈禱の依頼を行ったことの証明になるのである。そして織田信長はかなりの数の巻数に対する礼状を書いていることが知られる。

例えば天正二年(一五七四)七月には、伊勢国長島の一向一揆攻めの陣中から、近江国多賀神社の不動院に対して巻数及び守り、札などを贈られたことへの礼状をしたためている。翌三年九月には、越前国で一向一揆を壊滅させた折、その陣中から青蓮院に対して祈禱の巻数への礼状を書いている。

天正五年三月には、紀伊国雑賀《さいか》攻めに出陣した折、上賀茂社に対して、祈禱の巻数についての礼状をしたためている。さらに天正七年三月には、摂津国有岡城に荒木村重を攻めたその「出馬につき」祈禱の巻数を贈られたことへの感謝状を、やはり上賀茂社に対して書いている。

天正一〇年の三月には、武田勝頼《かつより》を討滅する総攻撃が行われたが、その出陣中に醍醐寺理性院に対して巻数の礼状をしたため、同じく四月、山城三千院梶井門跡《さんぜんいんかじい》に対して「東国在陣」中に巻数を受け取った礼を、さらに伊勢神宮の慶光院に対して「祈禱の祓《はらえ》・大麻《たいま》」を贈られたことの礼を述べている。祓とは伊勢神宮での祓《はら》いに用いる玉串、大麻は伊勢神宮で授ける神符であるから、「異教」の祈禱や「迷信」を軽蔑するどころではない、むしろ有難がる信長の姿が窺えよう。

このほかにも大覚寺、松尾社神官、仁和寺、伊勢御師《おんし》福嶋家、摠見寺《そうけんじ》、醍醐寺に対して巻数の礼状を書いていることが確認される。こうしてみると、フロイスの述べた信長像は実態から大きくかけ離れていると考えざるを得ない。合理主義者として喧伝される織田信長も、鬮を気にする武田信玄、法要の威力を信じる上杉謙信、念仏、太陽、月、厳島明神すべて信仰する毛利元就らと基本的には変わらない戦国大名だったとみて差し支えないだろう。

題目の軍旗

織田信長もまた戦場には神仏の加護を祈る道具を携行していたことを窺わせるのが図4である。これは天正三年、徳川・織田の連合軍が武田勝頼の軍勢を撃破した、長篠《ながしの》合戦に関わる「長篠合戦図屛風」(犬山城白帝文庫所蔵)である。ここには信長が永楽通宝の旗指物を立て、馬廻り衆を従えて陣を張っている様子が描かれている(図4(上))が、旗指物の上に翻る麾《まねき》(旗指物の棹の頂辺につける小旗)に注目したい。「南無妙法蓮華経」の文字がみえ(図4(下))、法華宗の用いる題目を戦場での守りとして利用した有様が描かれているのである。

確かに「長篠合戦図屛風」は江戸時代に造られたものであり、徳川氏の家臣成瀬家に伝わった織田信長の姿を表したものである。しかし、小瀬甫庵《おぜほあん》の『信長記《しんちょうき》』にも信長の旗指物について「一幅の黄絹に永楽の銭を付け、麾には南無妙法蓮華経のはね題目」とあるように、信長が題目の麾を使用していたことは一七世紀前半には広く知られていた。

フロイスの記述の中に、「名目上、法華宗に属しているようにみせていた」とあるのが想起される。もし仮に「法華宗に属して」いたなら、戦場に題目を携行するのは当然であるし、終焉の地本能寺はもちろん、京都滞在にしばしば法華宗寺院を用いたことも、何の不思議もなく了解されることになるが、この点については後の研究に委ねたい。

少なくとも織田信長が、神仏への信仰を軽蔑するどころか、出陣の際には祈禱を依頼し、戦場にあっては法華宗の題目を掲げて身の守りとしていたこと、戦場における神仏の加護を祈る点では、他の戦国大名に比して人後に落ちなかったことは確かであるといえよう。

図4　長篠合戦図屏風(犬山城白帝文庫所蔵)
上：信長の陣．永楽通宝の旗指物を立て，信長とその家来らが陣を張っている．
下：上図の部分．旗指物の上に翻る麾3つのそれぞれに「南無妙法蓮華経」の文字が読みとれる．

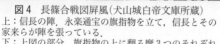

第二章　一向一揆と「民衆」

戦国時代、支配階級にあった戦国大名らがことのほか、熱心に神仏を信仰していた様子は、前章でおおよそおわかりいただけたと思う。一般の民衆世界でも、熱心な信仰になんら変わりはなかったであろうことは、伊勢神宮、高野山、善光寺などの聖地への諸国からの参詣などをみても容易に想像できよう。ところで民衆の信仰は、戦国大名らのそれとどのように違うのか、違わないのか、本章ではこの点を考えるために、有名な一向一揆をとりあげたい。

一向一揆は、一向宗の信者らの組織、及びその組織による武装蜂起であるとされ、民衆の篤い信仰を示すものとされてきた。例えばイエズス会宣教師ルイス・フロイスは、一向宗は「百姓や下賤の者」の信仰と記している。また一向一揆は、権力者の弾圧にもたじろがず、信仰を貫徹した民衆の姿を示すものと理解されてきた。そこでまずは、従来のこうした見方の根拠を確認することから始めたい。

1 加賀一向一揆の実像

真宗は反権力的か？

一向一揆が、加賀の大名富樫政親《とがしまさちか》を倒し、三河国の支配権の確立をめざす徳川家康に抵抗し、天下人織田信長と戦ったという点から、反権力的なものとみることは一つの見方ではある。反権力的である以上、そこに民衆の願望や主張が投影されていると想定することも、あながち不自然ではない。

加えて一向一揆の主体となった本願寺教団が掲げていたのは、親鸞を開祖とする真宗の信仰である。親鸞の教義は現世の権力を相対化し、内面の信仰をそれより重視する点で反権力的要素が強いとされる。教科書風にいえば、真宗は鎌倉新仏教の一つであり、鎌倉新仏教とは平安仏教に対置された新たな信仰の潮流とされる。平安仏教において皇族・貴族出身者が地位と権力をもち、厖大な荘園など強力な経済基盤が運営の基礎となり、現世の身分秩序が反映されているのに対し、鎌倉新仏教においては堂塔建立や寄進などの外面的功徳よりも内面の信仰を、学問や困難な修行よりも念仏などの平易な行を重んじ庶民的とされる。

中世史家の大隅和雄氏によれば、こうした鎌倉新仏教という捉え方は明治時代になって、当時日本に流入したキリスト教に帰依したプロテスタントらにより創られたものである。日本のプロテスタントらは、自国にその信仰の源流を求め、例えば内村鑑三は日蓮をルターに対比し、植村正久も法然をルターになぞらえて描くなど、ヨーロッパのプロテスタントの枠組みを用いて、法然・親鸞・日蓮らが理解されるようになった。そしてこの考え方が原勝郎の著名な論文「東西の宗教改革」により、学問的に定着したのである。

その中でも親鸞の、信心こそ救済の唯一絶対の手段という教義は、ルターの信仰義認論と重ねやすいため、親鸞は鎌倉新仏教の代表的存在とされてきた。法然の弟子として後鳥羽上皇の手で流罪とされ、後年その著書『教行信証』の中で後鳥羽上皇の弾圧を厳しく批判し、信仰を貫いたその生涯もまたこの見方を支えた。親鸞のこうした行動を併せ考えるならば、一向一揆を反権力的宗教一揆とみる見方は受け入れやすいかもしれない。

現在では鎌倉時代を通じて始まった仏教の諸派、法然の浄土宗、親鸞の浄土真宗、栄西の臨済宗、道元の曹洞宗、日蓮の法華宗、一遍の時宗を平安仏教にとって替わった宗教改革の産物とみる見方は疑問視され、中世にも依然、天台、真言など顕密仏教が主流であったとされている。その上でやはり、法然や親鸞はその中でも「異端」的存在とされているように、親鸞の教義を顕密仏教や時の権力と対置させる見方は今なお根強い。

しかし、こうした真宗の見方が、鎌倉時代における親鸞の教義とその位置からのものであることは留意しておきたい。言い換えればそれが、天台宗など旧仏教をも含む戦国時代の仏教界における本願寺や真宗にあてはまるかどうかは、改めて検証が必要なのである。

反権力的一向一揆像

そして前述のように一向一揆は、守護大名富樫政親を打倒した加賀一向一揆、徳川家康と抗争した三河一向一揆、天下人織田信長との抗争とされる石山合戦など著名な事例から、反権力的な一揆であり、したがってまた民衆のものとされてきた。

そのため戦後の歴史研究においても、一向一揆の中に、支配者と抗争する民衆的な性格をみようとする研究が進められてきた。一向一揆を、戦国期民衆の生活基盤かつ抵抗拠点とされている惣村《そうそん》を基礎とする運動とみる学説が通説とされたこともあり、一六世紀に「侍」身分と「百姓」身分（平民身分）との対立が激化するとの想定のもとに、本願寺に結集する「百姓」身分の運動と考えられたこともある。また本願寺教団関係の史料に現れる「仏法領」の語が、真宗門徒が追求する宗教的理想領域を指すものと想定されたこともある。

しかしその後、惣村と一向一揆は直接には結びつかないことが明らかにされ、一六世紀の「百姓」身分の者たちが「新侍《しんざむらい》」と自称したり、「侍」の被官（家来）と自称したりして、決して「侍」身分に対抗意識を燃やしていたわけではないことも指摘された。また「仏法領」が特に宗教的な理想領域を指す言葉ではないことも明らかにされている。最近では、救済の道を示した親鸞への報恩のための、本願寺(すなわち親鸞の子孫たちが営む家)に対する奉仕に一向一揆の要因を求める見解も提示されているが、本願寺に奉仕することがなぜ反権力的な行動なのかを、今知られている本願寺の実態から説明することは困難といえよう。

つまり一向一揆を民衆のものとみなしうる根拠を探る学問的試みは、今までのところ成功してはいないのである。そもそも大名同士の戦争がなんら珍しくなかった戦国時代に、一揆を形成した武士たちが大名や天下人と戦うことそれ自体を、反権力的行動と速断することが可能なのであろうか。村落の一般住民らが雑兵として戦国大名の軍隊で活躍し、その不可欠な一要素となっていた時代に、民衆が数量的に多く加わっているというだけでは、民衆のものと判断する根拠には乏しいといえよう。

「一向一揆」の語

本願寺が近世に極めて大きな勢力を有していたことは、明治初期の資料から窺うことができる。それによると本願寺派寺院は東西合わせて二万ヶ寺に及ぶのに比して、真言宗のそれは一万二千〜三千ヶ寺、曹洞宗のそれは一万四千〜五千ヶ寺であり、これが近世の大宗門のトップ・スリーである。統一政権の後を継いだ江戸幕府の支配下で本願寺教団は繁栄していたと考えざるを得ない。

本願寺門徒の権力者への抵抗といえば、織田信長と抗争したとされる石山合戦が特に有名であるが、真宗という宗派の中で考えた場合、本願寺派が信長と対立する一方、後述するように親鸞の教義を継承する真宗高田派、三門徒派は信長に味方して本願寺派と戦っている。本願寺派のみを親鸞の正統と限定するのでない限り、親鸞の説いた真宗という教義から信長への抵抗という行動が生まれると考える根拠はないのである。

そもそも中世史料に「一向一揆」の語は見いだせない。「一向一揆」の語は、宝永《ほうえい》年間（一七〇四―一一）に著された小林正甫《まさとし》の『重編応仁記《じゅうへんおうにんき》』の『続応仁後記《ぞくおうにんこうき》』にみられる事例が今のところ最も古いとされている。戦国・近世初頭では本願寺門徒の一揆を、「一揆」「土一揆《つちいっき》」などと記す方が一般的であった。このことは、本願寺門徒の一揆が、戦国時代におびただしく存在した一揆の中でなんら特殊なものとみられていなかったことを予想させる。

そこで本書では、反権力的宗教一揆、したがって民衆の宗教一揆という通説的観念をいったんリセットし、まずは史料から知られる一向一揆の実態をみることにしたい。

蓮如の伝道と東軍派・西軍派の対立

まず長享《ちょうきょう》二年(一四八八)、守護大名を倒して一揆による実質的な領国支配を実現したとされる加賀一向一揆であるが、こうした評価は必ずしも適切なものとはいえない。富樫政親を倒した一揆は、守護家一族の富樫泰高《やすたか》を擁しており、泰高は政親滅亡後に加賀の守護となった。本願寺が実質的に加賀の支配権を有するようになる一六世紀前期以降にも、富樫氏は一向一揆に味方する一武将として存続している。

では一向一揆は加賀において、どのようにして領国支配を実現するに至ったのか。

文明《ぶんめい》三年(一四七一)に本願寺第八代住持蓮如は、加賀国境に近い越前国吉崎《よしざき》を拠点として真宗の伝道を行い、加賀・越前の武士たちが多く蓮如に帰依した(図5)。当時の加賀は応仁の乱の影響で、国内の武士たちが東軍(細川勝元方の大名勢力)派と西軍(山名宗全方の大名勢力)派とに分裂して抗争しており、西軍派の富樫幸千代《こうちよ》が守護として力を有していた。本願寺蓮如に帰依した武士たちは、蓮如が東軍方の立場とみられていたことから、当時は守護の地位を追われていた東軍派の富樫政親およびその与党と結びついた。こうして、蓮如と本願寺門徒の武士たちは東軍派として、西軍派と対立するに至った。

さらにこの戦いにはもう一つの対立軸が生じていた。蓮如の吉崎伝道以前は、加賀では高田派と呼ばれる真宗の流派が有力であった。それに対抗して蓮如は、自らの教えこそ正統な親鸞の教えであると主張し、有名な「御文《おふみ》」を書いて門徒に与えるなど、精力的な伝道活動を展開した。そのため、加賀では高田派と本願寺派との、宗旨をめぐる対立が激化するに至った。親

図5　吉崎御坊図(照西寺所蔵)
上部に本坊が描かれ，そこに至る山門の大路と弟子たちの建てた他屋が描かれる．

鸞の教えを奉じる真宗の宗派間対立が生じたのである。

宗派間対立の激化・一向一揆の成立

同じ真宗で流派の対立が起こる背景には、次のような事情があった。親鸞の教えはまず関東の弟子たちの手で伝道され、真宗諸教団が生まれる。高田派は、親鸞の高弟である下野《しもつけ》国高田の真仏《しんぶつ》により始められた流派であり、真宗諸教団の中でも由緒の古い有力な流派である。これに対して本願寺派は、京都にある親鸞の墓所の墓守役を、関東の弟子たちの意向をうけて務めるにすぎなかった親鸞の子孫が始めた流派である。親鸞の曽孫覚如《かくにょ》が、親鸞の墓所を本願寺として本山としたところから本願寺派は始まり、親鸞と血のつながった子孫が代々本山の住持を世襲する点を特質としてきた。

中世にあっては、親鸞の弟子たちが始めた高田派、仏光寺派などの諸教団の方が本願寺派より優勢であったが、一五世紀中葉の、蓮如の父存如《ぞんにょ》の時代から本願寺派は幕府内に有する人脈を背景に勢力を伸ばしていく。加賀における高田派と本願寺派との対立は、高田派が守護富樫幸千代と結びつき、本願寺派の武士たちが富樫政親と結びつくことで東軍・西軍の対立と重なり合い、抗争はそのため激化していった。

結局、文明六年（一四七四）の戦いで、西軍派の富樫幸千代が守護の地位を追われ、東軍派の富樫政親が守護に復帰した。その復帰に与って力あった本願寺門徒が大きな勢力を得たのはいうまでもない。守護富樫政親のもとで、加賀の四つの郡、江沼《えぬま》郡・能美《のみ》郡・石川《いしかわ》郡・河北《かほく》郡それぞれの地域を、「郡《ぐん》」と呼ばれる本願寺門徒の一揆組織が実質的に支配するようになった。

蓮如は常日頃、門徒には支配者たちへの恭順を説いていたが、この戦いに参加したことに限っては守護への反抗を是認した。「一般的にいって守護・地頭など支配者に反抗し、武力で倒すことは、自分の本意ではなく、あってはならないことであるが、信仰（「仏法」）を守るためには武力に訴えることも道理至極である」というのがその理由であった。この蓮如の論理は、この後の本願寺法主や教団首脳にも継承されていく。

守護大名の存続

富樫政親を守護に復帰させたこの戦いを、室町幕府もまた是認した。守護を倒して支配を樹立した富樫政親と本願寺門徒の行動は、将軍にも幕府にも咎められた形跡はない。幕府は本願寺門徒の「郡」一揆に、奉行人らを通じて様々な命令を行うようになる。ところがこの後、守護に返り咲いた富樫政親とそれを支援していた本願寺門徒との間で対立が生じる。

もともと加賀は西軍派の勢力が強かったが、富樫政親は一貫して将軍足利義尚《よしひさ》に忠節を致していたため、国内の武士たちと軋轢を生むことになった。しかし、本願寺蓮如は、こうした情勢の中で国内の大勢に従い、政親と対立する門徒の動向を是認しなかった。文明六年の戦いのように信仰の問題ではなく、政治的な対立で守護と抗争する本願寺門徒たちを支持せず、吉崎を捨てて北陸を去り、京都山科《やましな》に新たに本願寺を建立する。

その後も加賀の本願寺門徒たちは富樫政親との対立を深めていった。長享元年(一四八七)、将軍足利義尚は京都の公家・寺社の荘園を押領する六角氏討伐を決行する。これに富樫政親が従軍したため、国内では政親に対する反発が高まり、翌長享二年、本願寺門徒を中心とする加賀の武士たちは守護家の一員富樫泰高を擁立して、政親を高尾城《たこう》に包囲し、攻め滅ぼした。

これが守護を打倒して一揆の支配を実現したとされる、いわゆる加賀一向一揆であるが、守護政親に反対して、泰高という守護家の別の一員を擁立した点は文明六年の戦いと同様である。したがって当然にも泰高はその後加賀国守護となる。足利義尚のあとを継いだ将軍足利義材《よしき》(のちの義稙《よしたね》)が、明応二年(一四九三)、有力大名細川政元らのクーデターにより失脚し(明応の政変)、越中国へ逃れた時、泰高は他の北陸地域の大名とともに足利義材のもとに馳せ参じている。だから少なくとも名目上、長享二年以降も守護は存続していた。

本願寺領国へ

その後、永正三年(一五〇六)に、日本の広い地域を巻き込む大きな抗争が起こる。先ほど述べたように、京都で将軍足利義材が失脚した明応の政変以来、細川政元の擁立する将軍足利義澄《よしずみ》を支持する大名らと、旧来の将軍足利義材を支持する大名らの対立が生まれた。その一つが河内《かわち》国畠山氏と細川政元との対立である。河内国畠山氏は、応仁の乱以来二つの家系に分裂して争っていたが、永正元年末、政元に属していた畠山義英が政元と対立してきた畠山尚順《ひさのぶ》と和睦し、足利義材と通じつつ、細川政元と対立するに至った。

苦境に立った細川政元は、本願寺に摂津・河内の本願寺門徒を動員するよう依頼した。本願寺は細川政元との関係が深く、法主実如《じつにょ》は摂津・河内の門徒に政元の依頼に応えるよう指示したが、畠山氏と関係の深い摂津・河内の門徒はこれを拒絶した。しかたなく実如は加賀門徒を動員して細川政元の要請に応えたという。本願寺教団自体が、元将軍義材と現将軍義澄との対立によって分裂の危機に立っていた。

実如は細川政元方として門徒らに蜂起を訴え、公然と教団ぐるみ政元派であることを表明する。すでに摂津・河内門徒は、細川政元の要請に応えた実如は法主として不適格であるとし、実如の弟実賢《じっけん》を法主に擁立しようと画策していた。本願寺教団には、法主は教団全体から承認されて初めて法主たりうるとの不文律があった。法主の立場は、家中の武士全体の承認を得て初めて当主たりうるという、近年明らかにされた戦国大名の立場を想起させる。分裂を避けるために教団全体が、実如のもとに結束して戦う必要があった。

こうして能登・越中・越後・越前など北陸各地で、本願寺門徒は義澄・政元方として蜂起する。供養を目的として各地での戦死の状況を記した『東寺光明講過去帳《とうじこうみょうこうかこちょう》』によれば、大和・河内・丹後・能登・美濃・越前・加賀・越中・越後・三河で一向宗が蜂起したり、幾千万という数知れぬ人々が戦死したという。この戦いによって本願寺は、加賀にある一族寺院(加賀三ヶ寺)を通じて四つの「郡」すなわち加賀一向一揆に対する支配権を確立したと考えられる。富樫氏は、滅びはしないが「郡」と行動を共にする加賀の一武将の立場に後退したと考えられ、加賀の支配者として本願寺が大きくクローズアップされるようになった。

本山と一向一揆の協同

こうして加賀はいわば本願寺領国となり、後述するように本願寺は、室町幕府をはじめ、加賀に荘園をもつ公家・寺社・奉公衆など武士たちからも加賀の守護同然に見なされるようになる。確かに幕府の裁定をうけると、本願寺は「郡」(つまり一向一揆)にその実行を命令し、「郡」側が実行しない場合は譴責《けんせき》を行ったりしている。幕府が本願寺に実行を指示する裁定は、加賀に荘園をもつ公家・寺社・武士らによる、自らの領主権保護の訴えをうけて出されるものが多く、本願寺は領主権保護を実現できる支配者と見なされていた。その意味では本願寺は一向一揆を支配する加賀国主だった。

しかし本願寺が「郡」に発する命令をみていくと、その内容には「郡」の依頼をうけ、また「郡」の意向に沿うような形でなされるものが少なくない。本願寺は確かに「郡」に命令する立場にあるが、その命令は「郡」の意向を反映している。そして「郡」は本願寺に従うが、それは自らの意向でもあり、しかも本願寺の威光を背景に実行されている。

この協同関係がよくわかるのは、天文七年(一五三八)に起こった洲崎兵庫《すのざきひょうご》、河合八郎左衛門《かわいはちろうざえもん》という一向一揆の棟梁の謀叛事件である。洲崎・河合の二人は、先ほどみた長享二年の加賀一向一揆の時期にも「郡」の主要な武士としてみえる、本願寺門徒武士の家柄である。この二人が本願寺に背いた時に、本願寺と「郡」とがどのように行動したかをみてみたい。

まず下田長門という名の、洲崎・河合方の武士が本願寺に背いたという通報が、加賀の「河北郡」(河北郡地域を支配する一向一揆)よりなされ、本願寺は「河北郡」及び「石川郡」「能美郡」

「江沼郡」の四郡が、申し合わせて下田長門を処刑するようにとの指令を出した。ところが「河北郡」の使者は「四郡の会議を行ったら(「石川郡」で力をもつ洲崎・河合を恐れて)本願寺の命令に賛成する者があるはずがないから、「河北郡」の力で処刑するように、との命令を出していただきたい」と申し入れたのである。

本願寺は、「「石川郡」の洲崎・河合など下田長門を贔屓している面々が、加勢したりする危険はあるが、「河北郡」のみで実現できそうなら、そのとおりにせよ」と答えたところ、使者は「仰せられた危惧はもっともなので、「石川郡」宛てに、下田長門の成敗を「河北郡」に命じたという本願寺家老下間《しもつま》頼慶の書状を出していただきたい」と申し入れた。本願寺はこの要望のとおりにして、下田長門成敗の件を処理したのである。

協同関係と武力の統制

この過程から、本願寺は「郡」へ一方的に命令するのではなく、「郡」側の意向をうけ、協議した上で命令していることがわかる。この後、洲崎兵庫、河合八郎左衛門の叛逆が明らかになった際、本願寺は、洲崎・河合が本願寺に背き、国を乱したと断罪し、(今後このようなことのないよう)面々は信仰も様々の事もしっかりと認識するよう四郡に命令を下した。そしてこの命令もまた四郡側の依頼をうけて出されたものであった。

こうした両者の協同的関係は、先ほど触れた、家中の結束に支持されて強大な権力をふるう戦国大名のあり方と似ている。例えば、本願寺もまた戦国大名と同様の法令を加賀に発していた。「具足懸《ぐそくがけ》」（武力行使）の禁止である。すでに永正一五年（一五一八）頃、本願寺実如が加賀に故戦《こせん》（戦いを仕掛けること）・防戦（相手の攻撃に武力で反撃すること）・具足懸禁止令を出したことが知られる（『今古独語《こんこどくご》』）。また天文八年（一五三九）に次の法主本願寺証如《しょうにょ》もまた「石川郡」に具足懸禁止令を出している。

武力行使禁止令は、戦国大名の法令にもみられ、例えば今川氏の『今川仮名目録《いまがわかなもくろく》』に、「武力抗争は理由の如何を問わず両方とも死罪とする。相手の攻撃に我慢して防戦せず負傷した場合には、たとえ抗争においては非のあった側であっても勝訴とする」とあるように、家臣相互の武力行使は有無をいわさず取り締るのが普通であった。この点からみると、本願寺・加賀一向一揆ともに、加賀国を支配するやり方は戦国大名に酷似している。だからこそ、後述するように幕府にも加賀の守護に準じた扱いをうけたのだろう。

ただし、本願寺証如は先ほどの具足懸禁止令に続けて、「武力抗争は信仰がないから起こるのであり（「各々法義なきにより、かくの如く濫《みだ》りがはしき事共候」）、よくよく仏法を嗜んで真実の信仰を得るように」と説いている。戦国大名の領国で要請されている自力救済（武力による報復）の禁止は、信仰を深めることにより実現できると説く本願寺の姿に、一向一揆ならではの特徴がみえるように思われる。

2 石山合戦の実像

織田信長との戦いを見直す

「織田信長と一向一揆との石山合戦」という見方もまた、一向一揆の反権力神話に基づいている。そもそも現実に起こったのは、将軍足利義昭と彼を擁立した織田信長の側と、三好《みよし》三人衆・朝倉・浅井ら反義昭派勢力との戦いであり、義昭と信長とが対立してからは、京都・五畿内を押さえる信長と義昭の命を奉じる諸大名との戦いである。本願寺はその二つの抗争において、一方の側に参加したにすぎず、信長にも本願寺にも、特に相手方と戦わなければならない固有の事情は存在しなかった。

全体の政治的構図から、織田信長と本願寺門徒のみを切り取って、この両者の戦いが存在したかのような観念が生じたのは近世になってからである。本願寺教団の中で門徒らの先祖の武勲を顕彰するために、本山に忠義を致して大敵織田信長と戦った門徒らの、「石山合戦譚」ともいうべき一連の軍記が語られるようになり、次第に広まっていった。そもそも当時大坂にあった本願寺の所在地を石山と呼ぶ同時代の史料はなく、本願寺所在地が石山と称されるようになったのも一七世紀中葉以降である。この点は先に述べたように「一向一揆」の語が一八世紀初頭に出現することと合わせて興味深い。

まずは現在石山合戦の発端とされる、元亀元年(一五七〇)の本願寺蜂起が起こった背景から考えたい。将軍足利義輝《よしてる》を暗殺して、阿波公方の足利義栄《よしひで》を擁立し、京都を支配していた三好三人衆は、永禄一一年(一五六八)に足利義昭を擁する織田信長に京都を追われた後も抵抗をやめず、永禄一二年正月に義昭の御座所本圀寺《ほんこくじ》を急襲したのをはじめ、元亀元年七月には、摂津の国衆池田氏の内紛に乗じて大坂付近の中島に進出していた。一方で朝倉氏が義昭に背き、これに六角、浅井両氏が呼応して蜂起する。義昭・信長の政権に対する反乱が続いていた。

同年八月下旬、足利義昭は三好三人衆討伐に動く。まず信長軍が幕府奉公衆と共に出陣し、続いて織田信長と幕府方の公家衆が出陣、そして最後に義昭自身が出陣し、三好方の籠る野田・福島を攻撃した。幕府軍が優勢になり、幕府方の使者として烏丸光康《からすまみつやす》が和睦交渉を始めた直後、突然本願寺は蜂起し、幕府方への攻撃を開始した。同じ頃、朝倉・浅井勢が京都に接近

していると の報に幕府軍は帰京したが、その際、義昭は烏丸光康を通じて天皇に、本願寺に蜂起をやめるよう綸旨を出すことを要請している。
実は蜂起する九月一二日より一〇日ほど前から、本願寺は諸国の門徒へ蜂起を呼びかけていた。その檄文には、「信長が本願寺に難題をもちかけ、かつ本願寺を破却すると通告してきた」とあり、仏法のために戦うことを命じている。しかし急遽天皇の力にすがろうとした義昭・信長の対応からみて、本願寺の蜂起を予想していたとはとても思えない。事実、本願寺の蜂起に対して「信長方は仰天した」とする史料もあるくらいだから、予想だにしていなかったのだろう。義昭・信長の方から本願寺を挑発した形跡は見当たらず、本願寺が意図的に義昭・信長に攻撃をしかけたと考えられる。

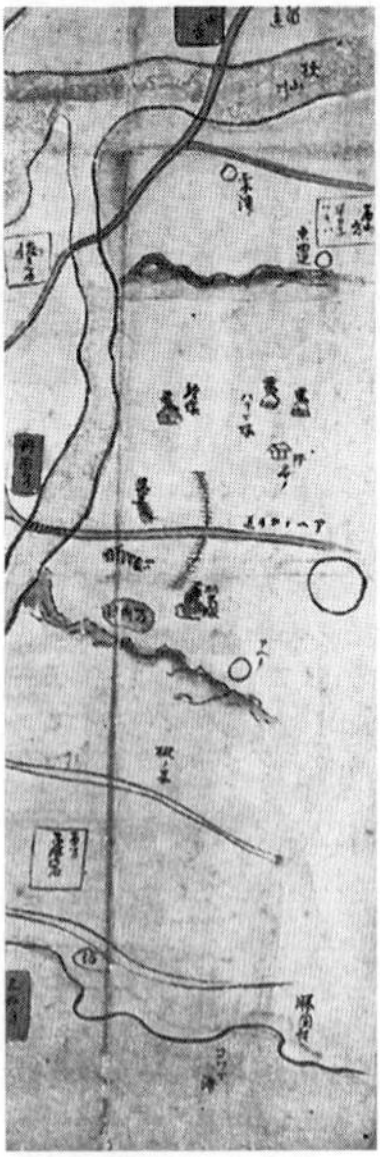

の軍勢とが記される.

その理由は何といっても、それ以前の三好三人衆、朝倉氏、六角氏、浅井氏との密接な関係にあると考えられる。義昭・信長が入京した翌年の永禄一二年に、本願寺は義昭から三人衆と結ぶ阿波三好氏に通じているとの嫌疑をうけているし、元亀二年には、朝

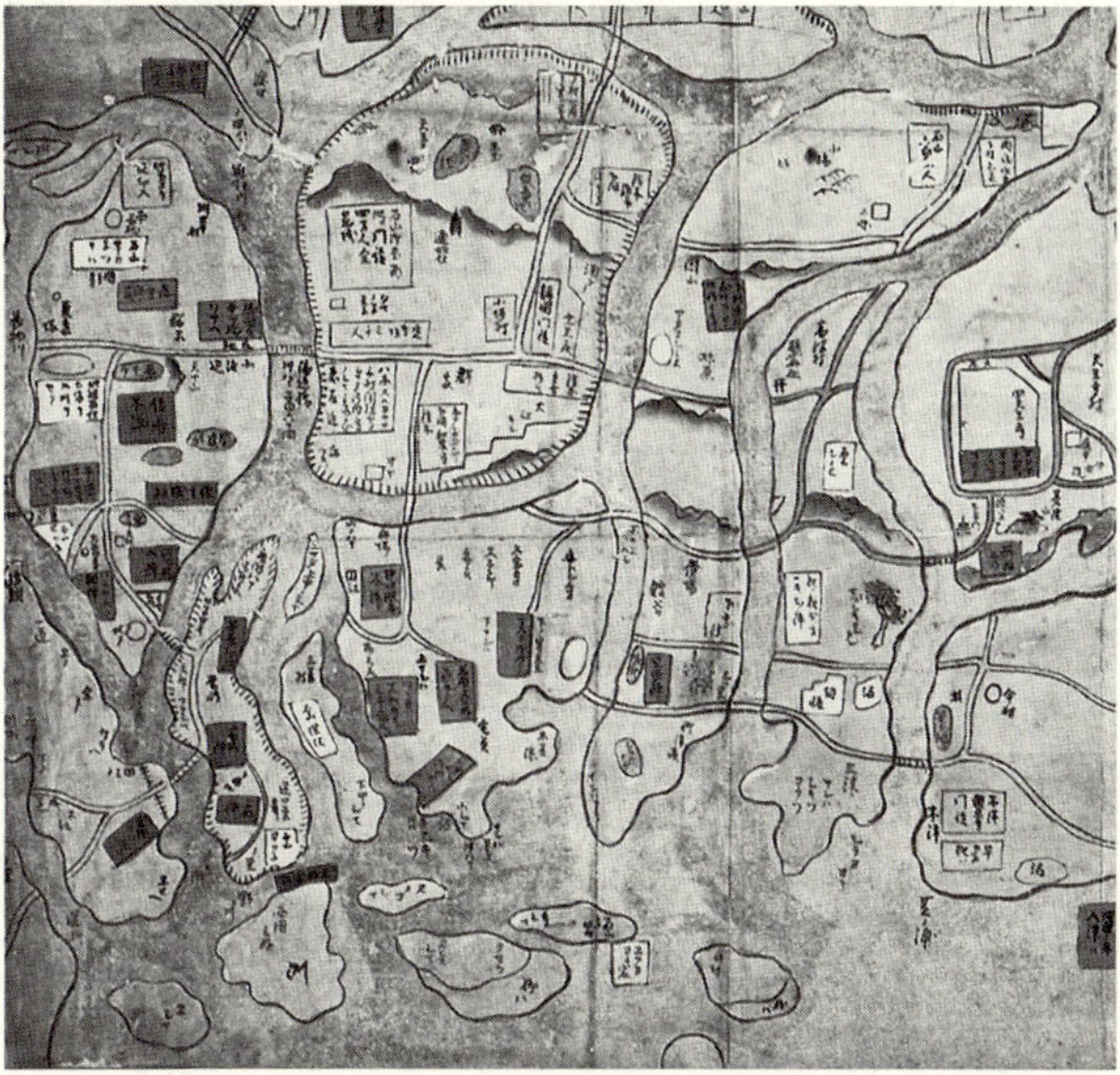

図6　石山合戦図(大阪城天守閣所蔵)
大坂湾頭の淀川・大和川の氾濫原に展開する本願寺方と，対峙する織田方

倉氏と本願寺とが姻戚関係を結んでいた。また本願寺蜂起の直前に、浅井氏と本願寺とは同盟関係を確認している。本願寺が仏法の戦いを呼号したにしろ、義昭・信長に叛旗を翻す理由は、こうした政治的関係以外考えにくい。言い換えれば本願寺は、信仰上の理由から蜂起したわけではなかったのである。

三度の和睦

本願寺は織田信長とあしかけ一一年にわたり交戦した(図6)。現実には朝倉・浅井・武田・足利義昭・毛利などとの同盟ないし友好関係によるものだったとはいえ、一一年にわたり信長の敵方として行動したことになる。その敵に対して信長はどのように対応したのであろうか。とかく注目されてきたのは、天正二年(一五七四)に伊勢長島一向一揆を無差別に殺戮したこと、翌天正三年に越前一向一揆を皆殺しにしたことである。この残虐な対応に、信長と一向一揆との根本的な対立をみる向きもあるが、こうした無差別殺戮、皆殺しは戦国大名同士の戦いでもみられる。また信長が常に一向一揆を皆殺しにしているわけではなく、単に籠城している非戦闘員の住民は赦免、戦闘員は討伐という、敵対する対象を分けて別々に対応を行う場合も知られている。不倶戴天の関係と断ずるには一考を要する。

その一方織田信長は、本願寺が劣勢に立ったために申し入れてきた和睦を、三度にわたり受け入れている。信長にとってもやむを得ない場合以外、本願寺門徒との戦いは避けたいものだったのではないか。和睦の第一回目は天正元年の一一月頃である。武田信玄と通じて信長と袂を分かち蜂起した足利義昭が京都から追放され、朝倉・浅井両氏が滅ぼされ、孤立した本願寺は信長に和睦を申し入れ、信長も承諾した。

にもかかわらず翌年早々に越前で一向一揆が蜂起し、織田信長の立てた「守護代」前波《まえば》(桂《かつら》田《だ》)長俊《ながとし》を滅ぼした際、本願寺は早速司令官として下間頼照《しもつまらいしょう》を派遣し、さらに本願寺自身蜂起している。その背後にあったのは足利義昭の存在であった。信長は大坂に明智光秀、荒木村重、長岡(細川)藤孝らを派遣し、大坂を「根切り」(殲滅)せよと命じている。この年に先ほど触れたように伊勢長島一向一揆を討伐し、翌年には越前の法華宗門徒、高田派・三門徒派などの真宗門徒も動員し、これも前述のように大軍により越前一向一揆を殲滅した。本願寺はここに至って二回目の和睦を乞い、信長も「赦免」することを約束した。

大坂退去と和睦

三度目の戦いは翌天正四年、足利義昭が毛利氏のもとに行き、その依頼をうけて毛利氏が織田信長と戦端を開いたことから始まる。義昭は上杉謙信、武田勝頼、北条氏政らにお互いの戦いをやめて和睦し、義昭の入京に尽力するよう働きかけ、諸大名による信長包囲網が形成され始める。そしてまたもや、本願寺は信長に対して四月頃蜂起した。信長は荒木、長岡、明智らを大坂攻めに派遣する。これに対し諸国の門徒が大坂に馳せ参じ、本願寺寺内に籠城して応戦する、いわゆる「石山合戦」つまり大坂籠城戦が四年にわたり行われた。

天正七年一二月、大坂の出城森口《でじろもりぐち》が織田信長に降り、翌八年正月、播磨国三木城が陥落し、別所長治《べっしょながはる》は自殺する。前年には宇喜多直家《うきたなおいえ》が降参し、信長に反逆した荒木村重の有岡城も陥落し、本願寺は孤立した。信長は天皇に働きかけて本願寺に和睦を勧告し、天正八年閏三月、本願寺と信長との間で和睦協定がむすばれる。おおまかにいえば、本願寺は大坂の寺地を明け渡す代わりに、信長は教団全体の存続を保障する、というものであった。

だが、法主顕如《けんにょ》の嫡子教如《きょうにょ》は、いったん和睦に合意したにもかかわらず、交戦続行を宣言する。よく教如の徹底抗戦といわれるが、教如の意図は徹底抗戦というより大坂寺地の確保であった。教如自身の言い分によれば、自分は大坂の寺地を守る以外他意はなく、天皇にも訴え、信長にも「懇望」するのが蜂起の趣旨であるという。背景には足利義昭の働きかけもあった。

一方顕如は、いったん実現した和睦を遵守せず内輪もめしている場合ではないと教如を非難し、身勝手な「訴訟」と断罪して和睦推進を指示している。結局教如は籠城を維持できず、信長に和睦を乞い、信長は教如の退去を許した。これが三度目の和睦である。こうして大坂の寺地は信長のものとなったが、信長の穏やかな対応はひときわ注目されよう。信長としてもできる限り、本願寺門徒との戦争は避ける方針であったことが窺える。

本願寺の政治抗争

かくして本願寺は大坂の地を退去し、紀伊国雑賀の地へと移ったが、織田信長は、諸国の門徒がそこに参詣することを承認し、通行の安全を保障した。本願寺顕如もまた、諸国の門徒に対してこれを伝え、紀伊国雑賀への参詣を促している。天正一〇年（一五八二）二月に顕如が、鈴木と土橋という、雑賀の国衆同士の争いに巻き込まれた際、信長は、顕如を警固するために家臣野々村三十郎を派遣している。

天正一〇年六月に織田信長が本能寺の変で滅亡するまでの、石山合戦終結後の二年間、史料からはこうした両者の友好関係が窺えるのみである。和睦に際して信長は、本願寺に加賀国の支配を認める用意があることを伝えた。しかし直後の教如の蜂起によって、和睦が実施されない間に、加賀は柴田勝家により制圧された。加賀「石川郡」「河北郡」の一揆は勝家に服属したというから、彼らは勝家の支配下で生きのびたと想像される。織田信長と一向一揆との根元的な対抗関係はやはり見出すことはできない。

とすれば、なぜ本願寺は足利義昭・織田信長と戦い、義昭が京都を追放されてからは義昭に味方して、反織田方の大名らと連繫しつつ信長との抗争を続けたのだろうか。この点を探るために、本願寺が幕府内の権力抗争にしばしば関わったことに注目したい。

実は石山合戦の始まる四〇年ほど前、享禄・天文の争乱と呼ばれる、石山合戦と似たような抗争が繰り広げられた。畿内の広域で展開した争乱の中、享禄五年（一五三二）に、本願寺は室町幕府の有力者細川晴元《はるもと》の依頼でその家臣三好元長《もとなが》を攻め滅ぼした。しかしその直後、今度は細川晴元やその家臣木沢長政《ながまさ》と、また京都の法華宗徒と戦い、そのため京都山科の本願寺は法華宗徒らの手で焼き討ちされ、大坂に本山を移すという一幕もあった。いったんは晴元と和睦するも、晴元と細川家の家督を争う細川晴国《はるくに》の味方として再度戦い、天文四年(一五三五)将軍足利義晴《よしはる》に降伏している。

中央権力をめぐる抗争

こうした本願寺とその門徒たちの武力闘争には、宗教上の理由も、将軍・大名権力への抵抗も見出せない。その背景にあるのは将軍足利義晴方の勢力と、弟の足利義維《よしつな》を擁する勢力との対立である。当初は細川晴元の家中での、義維方の三好元長と義晴方の木沢長政との対立に際し、主君晴元は木沢長政を支持して本願寺に三好元長の攻撃を依頼した。三好元長を滅ぼした本願寺の最初の軍事行動はこの結果である。

ほどなく本願寺は細川晴元と対立する。晴元や木沢長政と戦う本願寺に対し、足利義晴は、京都住民に地盤をもつ法華宗徒に本願寺との戦いを指示する。法華宗徒に加え、義晴方大名六角氏や晴元家中の武将らが山科本願寺を焼き討ちしたのはその結果である。いったんの和睦以後、またもや本願寺は晴元と対立し、晴元と家督を争う細川晴国と結ぶが、最後に義晴に降伏し赦免される。

こうした幕府中央の政治抗争に介入して、敵方の大名と戦うありさまは、当初足利義昭・織田信長と反義昭方の朝倉・浅井・六角ら大名との対立の中で、後者に加担し、後に義昭と信長との対立の中では、義昭方に加担し、最後に信長に降伏する、という石山合戦のありさまと酷似している。先にみた永正の争乱も含めて、本願寺が幕府中央の政治抗争に介入していくのはなぜだろうか。実は本願寺自身が、後述するように将軍を頂点とする幕府体制の一員であったというあり方によるものと考えられる。

もっとも本願寺は常にこうした政治抗争に介入したわけではない。むしろ大名同士の政治抗争に関しては、どちらにも特に加担することのない中立的立場を維持していることも多かった。先にみたように、加賀の政治抗争に関して蓮如が加賀を退出したのは、こうした姿勢によるものであり、享禄・天文の争乱以後、石山合戦までの三五年ほどは、基本的にこうした中立的立場を維持した時代であった。

3　共存の信仰世界

本願寺・延暦寺の共存

同じ時期に、本願寺は天台宗など他の宗派とはどのような関係にあったのだろうか。まず本願寺と山門比叡山延暦寺との関係からみたい。一六世紀の天文年間、両者は友好関係にあったことが、本願寺法主証如が記した『天文日記《てんぶんにっき》』にみえる。例えば天文五年（一五三六）、延暦寺が、京都の法華宗徒との対立から、諸大名の軍勢と共に京都の法華宗寺院を焼き討ちしたことがある。天文法華の乱として知られる事件であるが、本願寺は延暦寺に資金援助を行い、この戦闘のあと山門から謝意を表する使者を迎えている。また天文二二年、延暦寺西塔院から、比叡山延暦寺の地主《じしゅ》の神（守護神）日吉山王《ひよしさんのう》の二宮《にのみや》で遷宮が行われることになったとして、寄付を依頼してきた際、本願寺はこれに応じ、一〇貫文を寄付している。

これに遡る天文一三年、本願寺は山門延暦寺から寄付金の依頼をうけた。この年の七月の洪水で「黒谷法然上人」の御影堂が流失したので再建したい、というのがその理由であった。鎌倉時代には法然の伝道に対し、延暦寺は朝廷に不当を訴えていた。その法然の御影堂が延暦寺によって維持され、その流失には再建の努力が行われる、しかもその法然の弟子である親鸞の教義を奉じ、蓮如の時代には山門から迫害をうけたこともある本願寺に寄付を依頼しているのである。天台・真言宗に対立する異端の浄土宗・真宗、という構図では捉えられない戦国時代の諸教団の関係が窺える。

今述べたように、この時代より一〇〇年ほど前、幕府の支持を得た蓮如の精力的な伝道に危機感を抱いた延暦寺が、京都東山にあった本願寺を破却するという事件があった。蓮如が本願寺住持を引退し、延暦寺に末寺銭を納入するということで落着したが、天文年間に至っても本願寺は延暦寺に当時と同じ額の三〇貫文という末寺銭を納入している。両者が共存していることは明らかといえよう。

諸宗派との友好関係

さらに本願寺は大坂付近の天王寺《てんのうじ》、京都の知恩院《ちおんいん》とも親密な関係をもっていた。天文八年、天王寺の十五社が破壊されてしまった際、神々を供養する法楽連歌が催されることになり、その発句を本願寺証如に出してくれるよう依頼がきた。証如は、遠慮すべきことではあるが、神々への「法楽」(供養のための奉納)であるから、との理由で引き受けている。また知恩院の惣門を再建するために要請された寄付にも応じている。勅命による再興である上、細川晴元の依頼があり、また蓮如の時代にも寄付に応じたことがその理由と考えられる。

神社との交流も密接であった。天文五年、石清水八幡宮から社頭修理のため寄付が要請された際、これにも応じ、二〇貫の金額を寄付している。ちなみにこの勧進《かんじん》(寄付を募る活動)を行っていたのは「巣林庵」という禅宗の僧侶であった。神祇信仰に加え、禅宗、それに真宗が一体となった宗教活動を窺うことができる。もちろん、天文二一年には、伊勢神宮の造替に際して一〇貫という金額を寄付している。このほか、領国の加賀において天文五年に河北郡金津庄の、森国光という神主の地位を安堵しているなど、神祇信仰を排除する姿勢などまったく見受けられない。

以上の点から明らかなように、戦国期の真宗を、仏教か神祇か、あるいは天台・真言などの旧仏教か新仏教かというような二項対立で考えることは不適当である。むしろ様々な信仰、宗派が共存することが原則であり、一時的に前述の享禄・天文の争乱時の真宗と法華宗の対立や天文法華の乱などの事件が起こっていたとみる方が実情に合っている。一向一揆を考える際にも、このような信仰世界の構図を考慮する必要があろう。

本願寺の立ち位置

そもそも真宗が支配層から警戒されたという通念には、ほとんど根拠がない。確かに九州の相良《さがら》氏や島津氏は「一向宗」を警戒していたが、それは後述するように真宗の教義によるものではなく、別の理由からである。

かえって真宗の教義は大名にも好評だったことを窺わせる事例がある。前述した享禄・天文の争乱の時代、本願寺派と法華宗との対立は京都のみならず各地に及び、常陸国の佐竹氏は法華宗徒の訴訟によって、本願寺派の上宮寺を在所から追放し、門徒を成敗した。しかしその後上宮寺が土地の領主を通じて訴訟し、蓮如が制作した「御文」の掟をみせたところ、佐竹氏は処分を撤回したので、上宮寺は在所に戻ることができ、門徒も安堵されたという。

支配者にとっても、本願寺の奉じる教義は何ら警戒に値しないものであったことを窺わせる。本願寺自身、天皇の勅願寺として、本尊の左右に後柏原《ごかしわばら》天皇の位牌と在位中の後奈良《ごなら》天皇の寿牌《じゅはい》(生前に作成された位牌)とを安置していた。また幕府からは加賀の守護に準ずるものとみなされ、幕府が内裏の修理料に充てる段銭を諸国に賦課した際には、本願寺が加賀の分を納めることを要請された。さらに加賀の荘園に対する幕府の裁定は、本願寺及び「郡」によって実行されるべきものとされた。幕府内には本願寺担当の奉行が存在し、将軍の意向がこの奉行を通じて伝達されたし、実質は大内氏によるものの、名目上幕府の事業だった日明貿易に際しては、本願寺が貿易品の瑪瑙《めのう》を調達したこともある。

本願寺と加賀一向一揆は、将軍を頂点に有力大名や公家、寺社で構成される室町幕府体制の一員だったといえよう。この点を示すのは、本願寺一族や加賀一向一揆の棟梁たちが、有力大名・公家・寺社に人脈をもっていたことである。本願寺一族で加賀三ヶ寺の一つ、若松本泉寺《わかまつほんせんじ》や本願寺家老の下間《しもつま》頼秀・頼盛は出雲国尼子氏と親しい関係にあったため、反逆者となった本泉寺や、自ら粛清した頼秀・頼盛たちが尼子氏との伝手《つて》を利用して赦免を要求してこないよう、本願寺はあらかじめ尼子氏に事情を説明している。

先ほどみた加賀一向一揆の棟梁洲崎氏・河合氏が本願寺から反逆の咎で追放された際には、尼子氏、比叡山延暦寺、公家の二条家が、彼らの赦免歎願を本願寺へ取り次いでいる。本願寺がこうした働きかけを警戒し、将軍足利義晴にさえ、洲崎・河合の歎願を考慮しないよう申し入れていることをみれば、彼らもまた室町幕府体制の一員だったといえよう。

伝道のための友好関係

本願寺が基本的には諸大名と友好関係を保ち、彼らの間の抗争には中立を保っていたことは前述した。一向一揆から生じるイメージとはうらはらに、本願寺は、たとい本願寺門徒が関わっているようなものであれ、他の領国における紛争には基本的に局外に立っていたので、こうした問題に関しては特に門徒に指示しないのを原則としていた。唯一、将軍に敵対する勢力について必要な限りでの指示を行っている例があるのみである。こうした原則が適用できない事態は、頂点に位置する権力が内紛により分裂する場合である。このあたりに本願寺の指令による一向一揆が生じる原因があるのではないか。

本願寺が基本的に領国大名との友好関係を保とうとしていた理由の一つとして、各地の門徒の動向がある。証如の『天文日記』（図７）には、本願寺門徒の宗教的活動に好意的な大名のもとにいる門徒から、本願寺に、友好の印として「音信《おんしん》」（書状や贈答品）をその大名に贈るよう、依頼している事例が多くみられる。こうした大名として、浅井氏、和泉守護（細川）家の家臣たち、また播磨赤松氏などをあげることができる。本願寺門徒は各地におり、その門徒たちの円滑な信仰活動のためには大名の安堵が必要であった。だからこそ本願寺は門徒のために、大名との友好関係を保つ必要があったといえよう。

織田信長滅亡後に豊臣秀吉が勢力を伸ばすきっかけとなった天正一一年（一五八三）の賤ヶ岳《しずがだけ》の合戦の後、本願寺が門徒の要請に応えて越前の丹羽長秀《にわながひで》、能登の前田利家《としいえ》、越中の佐々成政《さっさなりまさ》

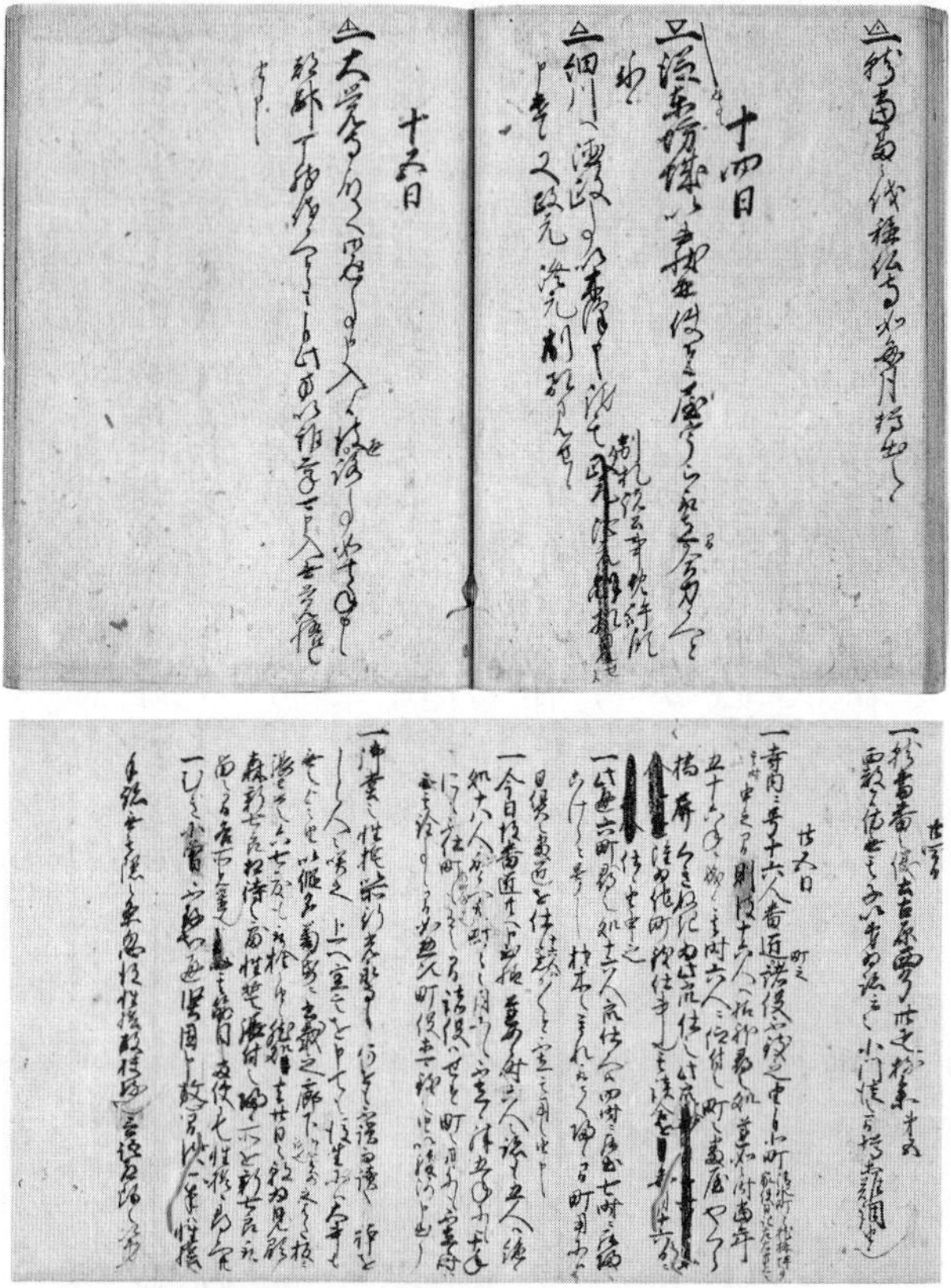

図7　『天文日記』(西本願寺所蔵)
本願寺法主証如の日記．当該期の政治史，本願寺教団や大坂住民の実情等に関する重要な史料．

に使者を送っているのも同様といえよう。広域にわたり一向一揆を起こしている時期の本願寺がむしろ非常時の姿であり、諸国の大名との友好関係を保ちつつ、門徒の宗教活動の便宜を図るのが、日常的な姿であったといえよう。

4　本願寺教団と民衆

往生と家族の供養

このように述べてくると、一向一揆は一般民衆とは無縁の政治闘争にみえてしまうかもしれない。しかし一方、一向一揆の棟梁である本願寺とその末寺は、法主・僧侶を崇めその蜂起命令に従う厖大な民衆がいてこそ成り立つ存在であった。

イエズス会宣教師ルイス・フロイスは、「一向宗の信者」が早朝三時、四時から寺院の鐘を合図に「いかなる寒さ、雪、雨であろうと、非常に遠くであろうと、直ちに起きて」毎日寺院の扉が開く前から待機し、「日常の祈りを行」い、「毎日三度これらの寺院に行」き、「長時間讃嘆を行う」と記し、さらに「説教師が、阿弥陀が人類を救うために行った労苦と贖罪とを扱うくだりにくると、多くの涙、すすり泣きと声が起こるが、それはゴアのコレジオで行われる毎週金曜日の(イエズス会の)祭式でも」みられないと述べ(『リスボン市科学学士院図書館蔵日本書翰』)、民衆の信仰に注目している。本願寺に参詣する人々が、参詣者の混雑の中で圧し潰され、往生の叶う死を遂げることを願うと記した宣教師ガスパル・ヴィレラの証言と共に、一向一揆の底辺を支える民衆の信仰を窺わせる。

この時代は、在地武士を筆頭とする庶民の間に家のシステムが浸透していった時代とされ、実際祖先や家族の死者の供養が、庶民の関心事となりつつあった。死後の救済を願う中で、極楽往生できる戦死もまた関心を呼んだことは間違いない。

近世初期の笑話集『醒睡笑《せいすいしょう》』に次のような話がある。朝倉貞景《さだかげ》が一向一揆との戦いの後に、「われわれは戦勝を期して八幡大菩薩に祈るが、その点は敵方の一向一揆も同様である。そしてわれわれは勝ち、一向一揆は敗れた。八幡大菩薩の御利益はどうなっているのか」とある僧侶に尋ねたところ、僧侶は「八幡大菩薩はわれわれには現世安穏の利益を、敵方には後生善処(死後極楽へ行くこと)の利益をもたらすのです」と答えたという。

実際、本願寺証如は天文初年の合戦で討ち死にした門徒を悼んで、「討ち死にの面々が極楽に往生することは疑いない」との消息(手紙)を記している。親鸞の教義からみれば、信心こそが極楽往生の要件であり、戦死は無関係であるが、証如がそれを知らないとは思われない。むしろ門徒が戦いに際しもっていた願望に合わせて消息を書いたのであろう。本願寺の命により従軍すれば、極楽往生が叶うとの観念のあったことは否定できないのではないか。

事実、本願寺は多くの門徒たちの家の法事を引き受けていた。本願寺では、門徒をはじめとする教団関係者が死者を供養するために「志」（仏法に関わる寄付）として、本願寺法主の「斎《とき》」（食事）の提供が行われていた。そして多くの門徒たちが、親族の死や年忌に際しての法事として斎を調進する事例が、『天文日記』にはいくつもみられる。

庶民の法事と寺檀関係

こうした事例は本願寺末寺の住持や門徒たちに広くみられるが、本願寺の境内に展開した大坂寺内町の住民のものも目につく。例えば木村藤右衛門という住民は兄弟三人で父母の年忌にしばしば斎を調進し、父の十三回忌、十七回忌、母の三十三回忌などにもその例がみられる。現代でも行われている、死んだ家族のために法事を行う習慣が、ここで確立していたことが窺える。大坂北町の明西《みょうさい》という門徒は、親の年忌に本人が斎を調進しているのはもちろん、彼が死去した際にはおそらく家族の手で調進が行われている。

その他の地域でも同様で、父母に加え曽祖父の年忌や、姑、娘の死去などでも斎を調進している例がある。興味深いのは尾張国大浦の豊島助次郎という武士の事例で、彼は門徒ではないが、妻の菩提を弔うために斎の調進を申し出た。本願寺側で日時の都合が合わないと伝えたところ、それでは代わりに点心《てんじん》(昼食以前の軽食)を調進したいと申し出たため、本願寺も斎をうける際と同じ御影供《みえいぐ》と勤行《ごんぎょう》を行い、助次郎の志に応えたという。門徒以外の人々からも、本願寺が、かけがえのない亡き親族の菩提を弔うべき存在と見なされていたことが窺える。本願寺と機縁のある民衆との間で、近世風の寺檀関係が展開していたといえよう。

近世の民衆はその地域の領主の支配下にある一方、檀那寺へ布施を行い奉仕すると共に、第五章でみるように、その檀那寺からしばしば助命歎願など身の安全を図ってもらったことが想起される。堕落した信仰形態と見なされがちな寺檀関係は、実は寺院により檀家を保護する面のあったことも知られている。百姓一揆の張本人とされた檀家の助命歎願をした僧侶もいたし、キリシタンとして訴追された檀家を、刑吏の手から守り抜いた僧侶もいた。近世の寺檀関係には、一般に知られている以上に重大な意味があった。

「一向宗」の教団

戦国時代の、寺院を中心とした武士たちの一揆の事例は、他の宗派にもいくつかみられるが、それにしてもやはり、本願寺教団の広域かつ諸階層に及ぶ寺檀関係は際立っている。なぜこのような、いわば突出した寺檀関係を形成できたのだろうか。ここでもまた親鸞の教義からこの問いを考えることは適切とはいえない。戦国期に「一向宗」の語で表される宗旨は、真宗本願寺派のみではないからである。近世の本願寺教団が「一向宗」と呼ばれたのは確かだが、「一向宗」の語は中世ではもっと広い対象を指していた。

例えば九州の大名相良氏の分国法である『相良氏法度《はっと》』では、「一向宗」を禁止すると共に、山伏、神官、陰陽師は「一向宗」の原因となるから警戒せよ、また素人の医者や祈禱師は、「一向宗」と見なさなければならない、と述べている。親鸞の教義にはおよそそぐわない、密教的な色彩をもつ民間信仰者が「一向宗」とされているのである。

ルイス・フロイスは「妖術者 feiticeiros はわれわれの間では罰せられ、制裁をうける。（これに対して）一向宗の坊主と山伏とは自分が妖術者であるために、それに喜びを感じている」と記しており、「一向宗」にこうした人々が含まれていたのは確かなようである。

越前国吉崎で伝道していた本願寺蓮如のもとに集まったのもこうした人々であった。蓮如は「本願寺の宗旨を他宗の者ならともかく、自ら「一向宗」と称するのは大きな誤りで、親鸞の命名のとおり「浄土真宗」と呼ぶべきである」と述べているが、蓮如に帰依した人々自体、自分の帰依した宗旨が「一向宗」であると思っていることがわかる。このほか一遍の時宗もまた「一向宗」の名で呼ばれた（図8）。「一向宗」の語が親鸞の宗旨のみに限らず、時宗も、また密教的色彩の強いものも含めた広い意味での念仏信仰をも指すことが想定される。

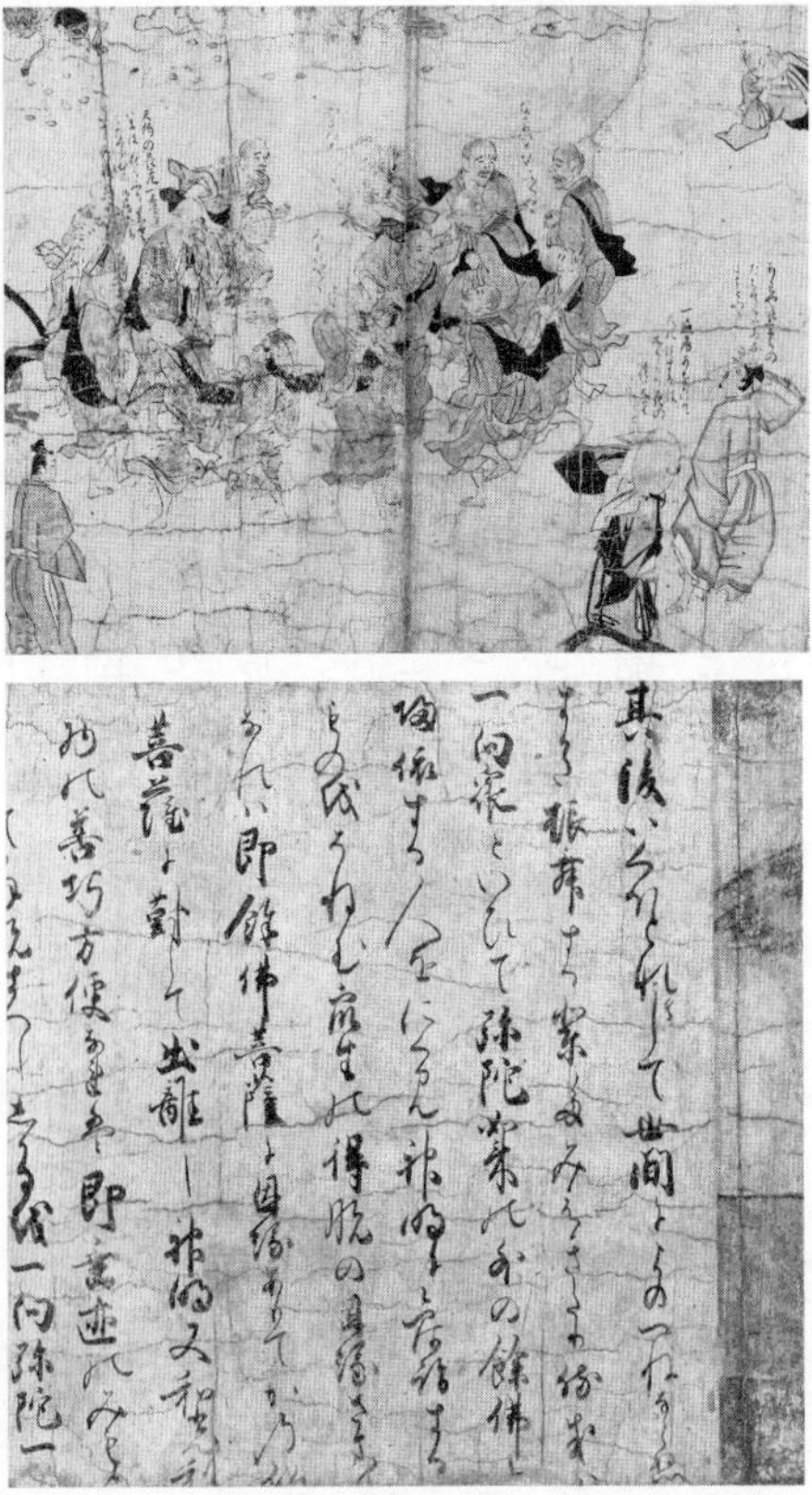

図8　念仏の奇瑞と一向宗（「天狗草紙」）
一遍の奇瑞を信じる信徒らが描かれ，詞書では彼らが「一向衆」と自称していると記している．

念仏の力

彼ら「一向宗」の実像には不明な部分が多いものの、死霊の供養が期待されていたらしい点が注目される。源平合戦の戦死者斎藤別当実盛《さねもり》が成仏できず、加賀国篠原《しのはら》をさまよっているのに時宗の遊行上人《ゆぎょうしょうにん》が出会い成仏させたという噂が室町時代に現実にながれたことがある。そしてそれを基に世阿弥が創作した謡曲「実盛」では、人々の目にはみえない実盛の亡霊と遊行上人とが語り合い、供養する場面が描かれている。『曽我物語《そがものがたり》』ではやはり遊行上人が富士の裾野に出現した曽我十郎・五郎の怨霊を供養したとの逸話が語られる。

彼らに想定された力量は念仏に由来すると考えられる。滋賀県伊庭妙楽寺《いばみょうらくじ》には、親鸞直筆の光明本尊と念仏によって虫害を退けたとの伝承があるが、虫害は、虫送りの行事に「実盛さん」との別名があるように、死霊の祟りとされることが多かった。虫害と戦死者とを結ぶ伝承の残る地域もある。こうした死霊の祟りを除く、言い換えれば死霊を供養しなだめる力が念仏に求められたのである。それは死霊の祟りと見なされたさまざまな災厄を除く力量でもあり、山伏や陰陽師が「一向宗」と呼ばれたことと通底するものである。

こうした念仏の呪力を信じる人々が「一向宗」を自称し、越前国吉崎に参集したといえよう。蓮如は強大な本願寺教団の基礎を築いた英主とされ、確かに不世出の宗教者であったことには間違いないが、その個人的な力量のみで本願寺教団が発展したと考えるのは奇跡を信じることと同じである。強大な宗教集団は、個人の力量ばかりでなく、人々の習慣の中に根づいていた宗教観念への働きかけから生まれたのではないか。

特に戦国期は、前述のように家族の絆が一般的に意識されるようになり、先祖や家族の死者の供養が問題となった時代であった。初めて日本で宣教を開始したとされるフランシスコ・ザビエルは、日本のキリシタンが、死んだ父母や妻子を地獄から救う手立てがないかをザビエルに尋ね、それがまったくないと回答すると必ず泣く、と記しているが、家族の死者の供養が当時大きな課題であったことが窺える。

このような時代に、死霊を供養する力をもつと認識されていた「一向宗」が人々の中に浸透し、本願寺との寺檀関係が展開していくのは見やすい道理といえよう。まさに親族の供養が意識され始めた庶民の世界の中で、念仏を掲げる本願寺は、自分たちの檀那寺として、頼もしくなじみ深い存在にみえたのかも知れない。

一向一揆像の形成

近世初頭に、本願寺教団は東西に分裂する。顕如の没後、顕如の嫡子であった教如とやはり顕如の子准如《じゅんにょ》との間で家督争いが起こり、豊臣秀吉の裁定により教如は退けられ、准如が次期の法主となった。しかし秀吉の没後、教如は徳川家康に働きかけて、その庇護をうけて真宗大谷派の本山として本願寺(いわゆる東本願寺)を創建する。この分裂は教義上の対立ではなく、家督争いを遠因とするものであった。しかしその正当性をめぐり、一七世紀には両者の間で論争が行われる。

最初は准如側の本願寺教団(西本願寺派)から『本願寺表裏問答』が出される。ここでは教如が、大坂退出の際にいったん織田信長との間で交わした和睦協定に違反し、交戦続行を宣言したことが非難されている。その非難を強めるためにある歴史的事件が捏造されていた。「鷺森《さぎのもり》合戦」と呼ばれるものである。教如の協定違反に深く遺恨をもっていた信長は、息子の信孝《のぶたか》に四国攻めを命じた際、進軍の中途にある紀伊国鷺森の本願寺をも攻撃するよう指示し、天正一〇年(一五八二)六月に信孝軍は鷺森を囲んだ。しかし、本能寺の変の報に接した信孝は撤退。本願寺はきわどく滅亡を免れた、というのがその筋書である。

この「鷺森合戦」譚によると、織田信孝の攻撃に際して顕如は、織田信長が遺恨をもつのも道理であり、罪は信長にではなく、約束を違えた教如にあると歎き、死を覚悟したという。しかし親鸞が明智光秀に乗り移り信長を滅ぼしたので、本願寺は滅亡を免れたという奇瑞も語られている。これが史実の捏造であることは明らかだが、注目すべきポイントは、本願寺に対する信長の敵意を招いたのは、教如の約束違反であって、石山合戦ではないこと、言い換えれば石山合戦それ自体は、信長の本願寺に対する敵意によるものではないとの認識が表明されていることである。一七世紀初頭の西本願寺教団にあっては、信長に本願寺教団に対する敵意がないことは共通認識であった。

『本願寺表裏問答』に対して東本願寺教団の側から反論がなされ、さらに西本願寺教団から再批判がなされる中で、織田信長像は次第に本願寺に敵対的なものになっていく。鷺森合戦以外に、本願寺が近江国六角氏に味方したため信長が敵意をいだき、最初の元亀元年(一五七〇)の野田・福島攻めの時から密かに本願寺への攻撃を意図していた、という話になった。また教如が交戦を続行したのは顕如との共謀によるもので、信長の敵意を知っていた二人が本願寺の延命を図った作戦である、つまり、最初から信長には本願寺を滅亡させる意図があったとまで考えられるようになった。

一方「鷺森合戦」譚もまた、人々の興味を惹き、近世の軍記物に取り入れられた。『明智軍《あけちぐん》記《き》』(元禄《げんろく》六年〔一六九三〕以前成立)や、『陰徳太平記』(元禄八年成立、正徳《しょうとく》二年〔一七一二〕刊行)に取り入れられ、織田信長が、石山合戦の当初から本願寺を滅ぼそうとしていたとの歴史認識が定着する。その中で本願寺派の説教師たちが一連の石山合戦譚を創作し、織田信長と根本的に対立した一向一揆というイメージが定着していった。こうして形成された一向一揆像も見直しが必要な時期が来ているように思われる。

第三章　キリスト教との出逢い

戦国時代の宗教を考える上での重要な要素——そこにキリスト教を加えることに異論はなかろう。一五四九年のフランシスコ・ザビエルの来日以来、イエズス会の精力的な布教活動により、江戸幕府の禁教令の発令時(一六一四年)には、五野井隆史氏によれば三七万人ほどのキリシタンがいた。足利義昭を擁した織田信長の入京後二年の一五七〇年という時点での二万数千人という推計(同前)と比べれば、キリシタン信仰の普及は急速なものであったといえよう。なぜキリスト教は日本で急速に受け入れられたのか、本章ではこの問題を考えたい。

キリスト教が流入した当時、日本で仏教は形式に流れ、信仰は低迷し、僧侶も戒律を守らないなどある種の「堕落」した風潮の中にあり、それにあきたらない日本人たちがキリスト教に惹かれた、言い換えれば日本になかったものがキリスト教にあったとみる考え方がある。しかし当時の仏教信仰が低迷したものではなく、むしろ多くの人々を惹きつけていたことは、すでにみたとおりである。さらにキリスト教の教えを聞いた日本人たちも、後にみるように、必ずしも異質なものと受け止めたわけではないのである。

仮にイエズス会宣教師の目に、日本仏教が「堕落」したものに映ったにしろ、彼らカトリックの信仰が、当時のヨーロッパでは、プロテスタントの目には「堕落」してみえたことも考慮したい。他者の信仰はとかく「堕落」してみえがちであり、日本の仏教が当時「堕落」していたとの見解は、もっぱら宣教師の言い分によるものである。どの宗派であれ、いつの時代にも「堕落」した部分を随伴していることがないとはいえず、この点に関しては冷静で客観的な見方が必要だろう。

1　宣教の始まり

イエズス会の布教開始

イエズス会宣教師の来日は、ポルトガル王室の海外進出政策によるものであった。ローマ教会はポルトガル・イスパニア(スペイン)両王室に、「異教徒」世界への宣教を援助する代わりに、現地での植民地経営のため、航海、征服、領有、貿易などを行う権限を認めた。布教保護権というこの権限は、ポルトガル王室には布教活動のパトロンとして植民地を建設し貿易を行う独占的権限が、布教を行うイエズス会には、布教活動に対する王室の保護が提供されるものであった。したがって、ポルトガル王室による貿易活動とイエズス会の布教とは一体のものであった。

た。教科書風にいえば「南蛮貿易は布教と一体」だった。

当時農業生産の不振により対外貿易に依存していたポルトガルは、この権限を利用して海外進出に乗り出し、アフリカ南端の喜望峰に到着する。さらにインドに至りゴアに植民地を建設し、マラッカ海峡に達して香料群島へ向かい、中国に到達する。インド洋、東南アジア、東シナ海地域には、すでにイスラム商人、インド商人、中国商人らが開拓した海上ネットワークが発達しており、ポルトガル人はこれに参入、もしくは軍事的圧力により介入して貿易圏を拡大した結果、中国に到達したのである。

ンシスコ・ザビエルの行程.

しかし中国では容易に受け入れられず、倭寇と行動を共にすることになる。倭寇とは中国明王朝の海禁政策(鎖国政策)に従わず、非合法な貿易活動を行

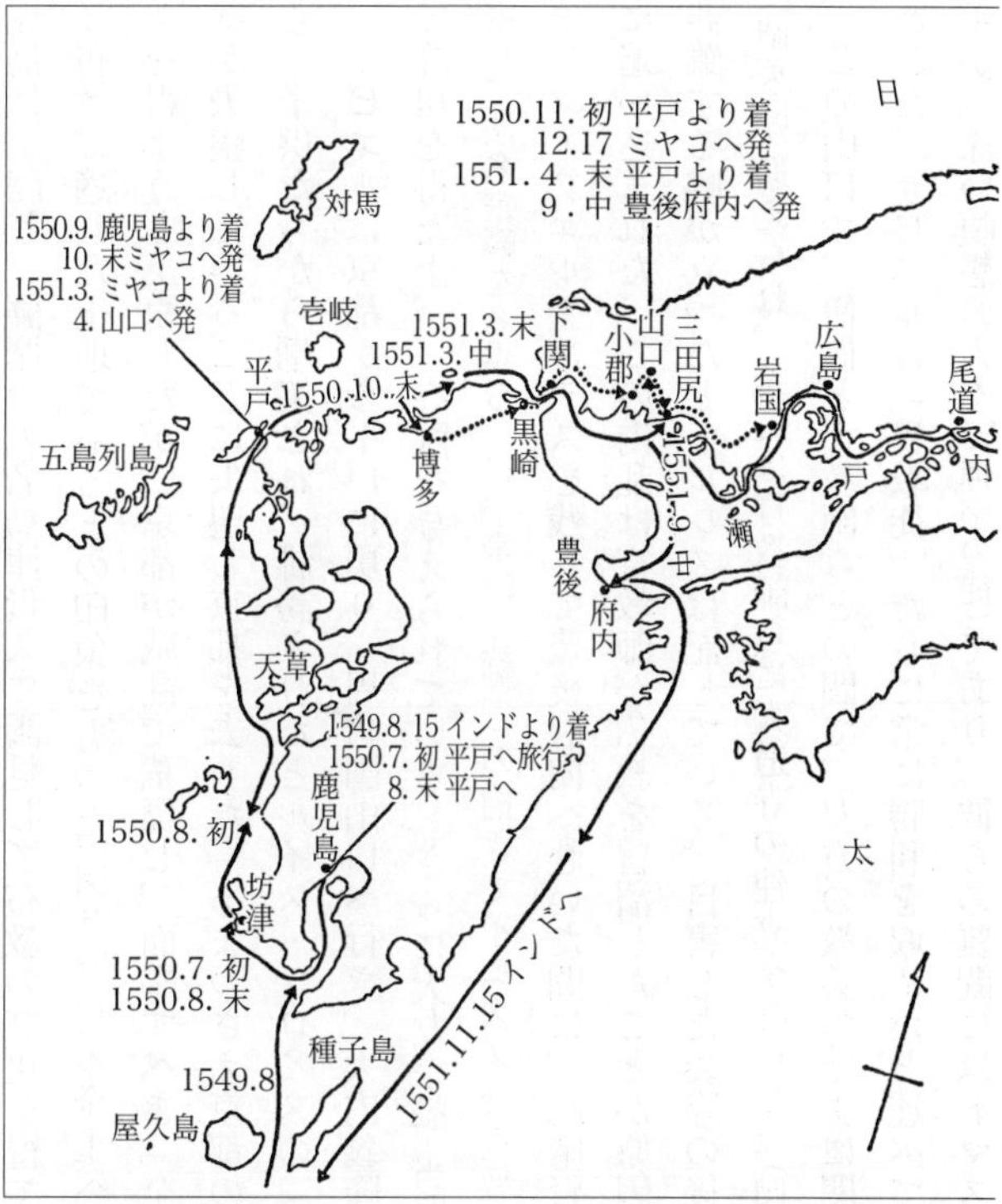

図9　フランシスコ・ザビエル日本渡航図(河野純徳氏作成)
鹿児島上陸より，上京，山口を経て府内に至り，離日したフラ

い、海賊活動も行っていた中国人、日本人武士・商人らにより構成されていた集団である。その状況の中でイエズス会宣教師フランシスコ・ザビエルはマラッカで日本人と接触し、日本の情報を得て有望な布教地であると強く感じるに至り、来日を考えるようになった。

一五四九年八月一五日(天文一八年七月二二日)にザビエルは、鹿児島に上陸し、薩摩の大名島津貴久《しまづたかひさ》に謁見して布教の許可を得て一年ほど滞在し、日本がやはり布教に適した土地であるとの印象をもった(図9)。日本全土への布教を考え、京都で布教許可を得ようと上京したが、京都が戦乱で荒廃し、面謁すべき「全日本の最高の国王」天皇の権威が失墜していることに失望し京都を去った。あまつさえ京都の町では若者や身分の低い者たち、子供たちから嘲笑され、誹謗されたとルイス・フロイスの『日本史』は記している。

ザビエルは京都から平戸《ひらど》に戻り、周防《すおう》国山口へ行き、大内義隆から布教と領民の改宗について許可を得た上、一寺院を与えられている。さらに大友宗麟《そうりん》(当時は義鎮《よししげ》。永禄五年〔一五六二〕出家して法名宗麟を名乗る。以下宗麟で統一)の招きでイエズス会宣教師コスメ・デ・トルレスとジヨアン・フェルナンデスを残して豊後《ぶんご》府内へ赴いた間に、陶晴賢《すえはるかた》の反乱により大内義隆は自害に追い込まれた。この内乱は宣教師が仏教を冒瀆したことが原因であるという、イエズス会を非難する噂が立ったとトルレスは記している。自害した義隆の後継者として大友宗麟の弟義長(晴英)が迎えられ、義長は宣教師らに大道寺の建立を許可した(図10)。

この山口で、僧侶と宣教師らとの間で、双方の教義の優劣に関する論争「山口の宗論《しゅうろん》」も行われた。ザビエルは「異教徒」たちに常に勝利を収めたと述べているものの、トルレスは、相手が「深い瞑想の人々」(禅宗の徒)であり、彼らの質問にはトマス・アクィナスや、ドゥンス・

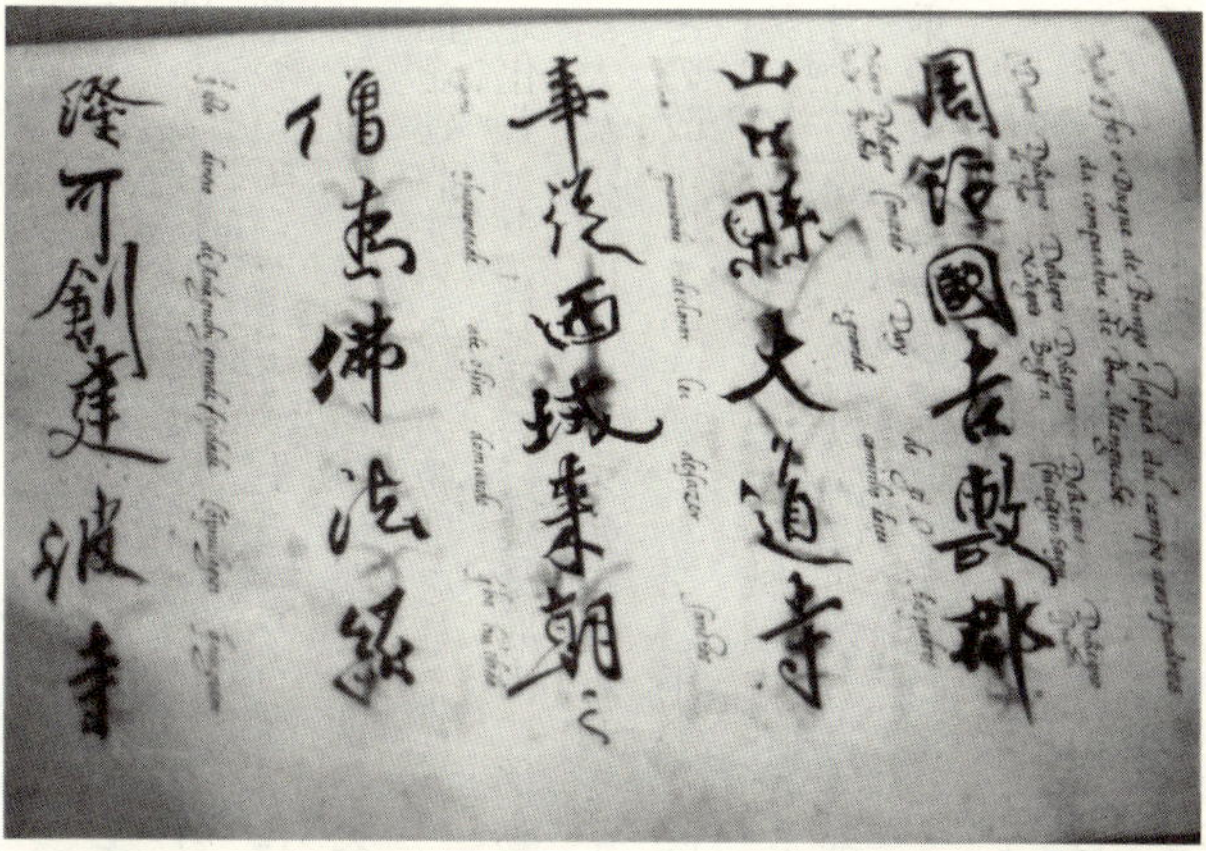

図10　大内義長の大道寺裁許状(大村市立史料館所蔵)
裁許状の文面は木版刷で，その行間にポルトガル語で説明文が記入されている．

スコトゥスなど著名な学者も信仰なしには答えられないようなものであり、自分たちも主の特別な恵みなしには論破できなかったと報告している。ザビエルも、今後彼らとの論争には、学問が必要だと述べている。

ザビエルは一五五一年一一月、豊後府内を出発した。岸野久氏によれば、もともとザビエルには日本・中国を同等に重要な布教地と考える「東アジア布教構想」ともいうべき企画があり、日本での布教に期限を設けており、次に中国布教をめざすつもりであった。ザビエル離日後に日本布教はトルレスらに引き継がれていった。

九州布教

一五五三年(天文二二)二月、山口にいたコスメ・デ・トルレスは、バルタザール・ガーゴとジョアン・フェルナンデスを豊後の大友宗麟のもとに派遣した。宗麟は彼らを歓迎し、保護を約束するのでさらに改宗事業に携わる司祭を派遣してほしいと述べた。ただしこの好意は、武器や火薬を南蛮貿易から得られるという事情に基づいていたようである。フロイスによると宗麟自ら、イエズス会の布教活動を歓迎するのは、ゴアのインド副王との交渉・貿易が実現できるからと述べたという。さらに宗麟は府内に司祭館を建設するための敷地を与えた。一五五六年(弘治二)五月、大内家の内紛から山口の治安が悪化し、トルレスらは豊後府内に移動した。

大友宗麟はイエズス会に好意的で、後には代表的なキリシタン大名として知られるものの、その改宗はこの時期より二〇年余り後である。その理由については、第四章で詳しく述べたいが、この時点では豊後の戦国大名という立場上家臣の支持が不可欠であり、改宗など問題外と考えていた。改宗以前は禅宗の篤信者であったとされ、永禄五年(一五六二)、宗麟の法名を名乗ったことも仏教の信仰を窺わせる。

豊後では、イエズス会修道士のルイス・デ・アルメイダが病院を建立したことが有名であるが、この病院はイエズス会には必ずしも有利には機能しなかった。なぜなら、改宗者が身分の低い病人に限られてしまったから、とトルレスの死後、その後任となったフランシスコ・カブラルは記している。領国大名（イエズス会の言葉では「国王」）の改宗により支配下の領民をトップダウン方式で改宗させる方法をとってきたイエズス会では、身分の低い病人の信者は主たる改宗の対象ではなかったようである。それでも、バルタザール・ガーゴによると、一五五五年には一五〇〇名の改宗者が生まれ、宗麟が領内に公式にキリスト教の保護を表明したこともあり、豊後はイエズス会の有力な活動拠点となった。

肥前《ひぜん》国平戸の領主松浦《まつら》隆信《たかのぶ》は、ポルトガル人との貿易に強い関心を示し、イエズス会に宣教師を領内に招致したいと表明した。彼はイエズス会のインド準管区長メルショール・ヌーネス・バレトに宛て、ザビエルが彼の領内で行った改宗事業に喜びと満足を表明し、イエズス会の説く教理に賛意を表している。しかし彼のイエズス会に対する態度は是々非々であったため、イエズス会はやがて隆信を忌避するようになった。

特に宣教師らが仏像を集めさせて焼却したり、経典を俵詰めにして焼却したため、僧侶らの激しい反発を招き、隆信は仲裁のために、宣教師たちに一時的な退去を命じた。隆信はその後、キリシタンの主要人物に棄教を命じ、平戸にあった教会を閉鎖したとフロイスは記している。またポルトガル船の乗組員と日本人とのトラブルが起こった際、ポルトガル人が殺害されたことを隆信が黙認したこともあり、コスメ・デ・トルレスはポルトガル船の平戸入港を阻止し、大村領横瀬浦に入港させた。イエズス会に好意的な大村純忠《すみただ》の領内だったからである。

大村・有馬での活動

平戸で起こったトラブル以来、コスメ・デ・トルレスはルイス・デ・アルメイダに指示して、大村領内にポルトガル船の停泊地を探させた。フロイスによれば、アルメイダの指図によりポルトガル人水先案内人ドミンゴス・リベイロと日本人キリシタンのゴノエ・バルトロメウの二人は秘密裡の調査を行い、横瀬浦の好条件を確認して、大村家家老朝長純利《ともながすみとし》と交渉し、宣教活動を容認する旨、内諾を得た。

さらに大村純忠との間で、修道士を領内で受け入れ、教会の建設を承認し、教会の財源として横瀬浦の地を寄進することが約束され、一五六三年大村純忠は受洗し、教名をドン・バルトロメウと名乗った。その後およそ二〇年間に七万人余りが改宗する。大名の積極的改宗と宣教師による積極的なポルトガル船の誘致とにより、大村領内ではキリシタン信仰が盛んになった。

肥前国の島原半島でキリスト教が説かれ始めたのは、一五六三年のことであると、ジョアン・フェルナンデスは記している。有馬地方の「王」有馬義貞《よしさだ》は、直ちに布教を承認し、口之津《くちのつ》に教会を建てるため、修道士一人を派遣するよう、イエズス会に依頼した。口之津には、すでにポルトガル人たちが訪れ、日本全国から多くの船が取り引きのために出入りしているとジョアン・フェルナンデスは述べ、ルイス・デ・アルメイダは、この地に「異教徒が誰もいない」と述べている。

しかし島原地域でも、宣教師らによる仏教勢力への非難や反仏教の宣伝により、寺院や僧侶との間で軋轢が生じた。仏教側からも、宣教師が人肉を食し、宣教師の行く先々では土地の秩序が破壊されるなど、反キリスト教の宣伝が流され、この軋轢は領主層の親族の間に鋭い反目をもたらした。ポルトガル船招致の利益を考えて宣教師を保護する領主も存在する一方、有馬義貞はキリスト教に好意を示しつつ、受洗を渋っていたと宣教師ミゲル・ヴァズは記している。有馬義貞は一五七六年に受洗するが、その死後、跡を継いだ鎮純《しげずみ》(後の晴信)はキリシタンの迫害に転じた。有馬地方が、キリシタン大名の君臨するキリシタンの王国になるのはさらに後のことであり、その点は第四章で触れたい。

畿内布教

一五五九年、コスメ・デ・トルレスは、ガスパル・ヴィレラ、日本人修道士ロレンソらを、畿内での布教活動のため京都に派遣した。ルイス・フロイスが『日本史』に記すところによれば、彼らは堺から山崎、大津を経て坂本に着き、比叡山の大泉坊《だいせんぼう》を伝手にして、延暦寺から布教許可を得ようとしたが、妨害にあって成功せず、今度は幕府による保護を期待して、都にいる永源庵《えいげんあん》という僧の伝手により将軍足利義輝との謁見を実現し、さらに幕府要人の伊勢貞孝《いせさだたか》の好意を得て永禄三年(一五六〇)、幕府より、その活動を妨害から守る禁制を得ることに成功した。

布教活動は幕府の承認のもとに開始されたが、しばしば起こる戦乱で途絶するなど依然として大きな障害がある、とガスパル・ヴィレラは述べている。その中で永禄八年五月一九日、足利義輝の御所が三好三人衆らの襲撃をうけるという事件が起こり、義輝は暗殺されてしまう。その結果京都を掌握した三好三人衆は、法華宗徒らの意向を汲んで、宣教師の追放を決定し、朝廷も同様の決定をした。ヴィレラは、「天竺人」と呼ばれる自分たちが追放されたことを報告している。

都での活動が頓挫した後、事態は思わぬ方向に進んだ。足利義輝の正統な継承者として諸国の大名に支持を訴えていた足利義昭と、義昭を奉じた織田信長によって、畿内を掌握していた三好三人衆が京都から逐《お》われ、義昭を将軍とする新たな政権が誕生したのである。この機会を捉え、宣教師らは、義昭側近の和田惟政《これまさ》の仲介により、義昭・信長との謁見を実現して、義昭の制札と信長の朱印状を得て布教活動の許可を獲得した。

ところが以前に宣教師を追放する決定をした朝廷が、この後許可に異を唱え、それが朝廷と信長との仲介役をしていた朝山日乗《にちじょう》の進言によるものであることがわかった。このため宣教師ルイス・フロイスは岐阜に赴き、織田信長にさらに保護を求めて面会した。そこで信長から「すべてが予の権力のもとにあるがゆえ、内裏(天皇)も公方様(将軍)も考慮するに及ばない」との確約を得た。こうして中央政権の承認を得て、畿内布教は軌道に乗ったのである。

2　宣教師のみた日本人の信仰

盛んな仏教の信仰

イエズス会の宣教師は、当時の日本の状況について厖大な報告書を残している。その中では、キリスト教の宣教やキリシタンの信仰に関することのみならず、「異教徒」つまり宣教を受け入れなかった日本人の信仰についても細かく記しており、その点でも貴重な史料である。ここではそうした記述が特に多い京都に関して、その報告書をみていきたい。

最初に目につくのは、宣教師の接触した多くの日本人が、仏教の教理をよく知っていたということである。宣教に従事したルイス・フロイスは、「彼らの学問と偶像崇拝」つまり仏教の教理的学問と信仰が、「都の国」すなわち京都は最も盛んであるので、そこで宣教を行う司祭たちには「日本の八つの宗旨を学び、研究することが、ここに来るその信奉者らと議論するために必要である。なぜならそれらの宗旨を知らず、また、宗旨の書物の根拠を多数指摘して論破する術を知らないと、彼らは我らを軽視し、聴聞することにもほとんど感銘をうけないからである」と記している。

また京都では多くの人々が宣教師の説教を聞きに来たという。その人々についてフロイスは同じ書翰で、「当所では、土地の出身者であれ他国人であれ、聴聞者には決して事欠かない。当国の人は皆、世界の創造主と人類の救い主の教えにのみ救いがあると悟る、という純粋な理由からキリシタンになるため、デウスの教えを大変深く理解しようと努力している。また思慮深く、よき判断力を備え、道理に従順な人々であるから、(彼らが)洗礼をうけるに至る前に、単に明白な道理によって彼らの宗旨に反駁するのみならず、デウスに関する話題について彼らに浮かんだ困難と疑問とに答えなければならない」と述べている。

説法に親しむ人々

いずれも説教を聞きに来る人々が、仏教の教理についてある程度の素養をもち、宣教師たちに教理上の議論をしてくる程度には教理に通暁していることを窺わせる。それではその日本人たちはどのようにして、ある程度にせよ仏教の教理に通じることができたのであろうか。戦国時代の識字率について、正確な史料はないが、いかに京都とはいえ、文字を通じて仏教の教理に触れることのできた人々は公家や身分の高い武士以外にはごく少数しかいなかったはずである。宣教師の報告から窺えるのは、彼らが文字以上に、京都で盛んに行われた説法を聞くことによって、仏教の教理に通じたらしいことである。

例えば一向宗の信者の信仰生活についてルイス・フロイスは、前章で触れたように、毎朝三時、四時の未明より寺院の鐘を合図に寒さも悪天候も遠い道のりも構わず寺院の扉が開く前から待機し、毎日の祈念や讃嘆を行い、説教の場では、説教師の語る阿弥陀如来の労苦にはゴアのイエズス会の信者以上の感動を示して涙する、とその篤信ぶりを描写している(『リスボン市科学学士院図書館蔵日本書翰』)。そしてさらに僧侶の説く教説に触れ、「一向宗の僧侶は皆結婚している。そして、贖罪も苦悩することも後悔も不要である、なぜなら阿弥陀がすでに全人類に代わって贖《あがな》っているから、と言いつつ、無教養な生活を送っている」(同上)と述べている。

僧侶らが妻帯を是とする真宗の徒として行動し、イエズス会宣教師らがルターの信仰義認論になぞらえた、他力の信心を旨とする真宗の教義を説いているさまが窺える。そしてまたその説教により教義を学ぶ、熱心で篤信の信者の姿も想像されよう。さらにルイス・フロイスは、一般に日本の説教者は、説教に相当に熟達していると述べる。京都のある寺院で行われた説教を聴いた後、フロイスは次のように記している。

「説教師が説法の中で示したその声、成熟、温和さ、そして立居振舞は、間違いなく尊敬に値するものである。説法のやり方は、彼の前に置いた書物の内容を一節読み、それから非常な才気graçaをもって説明するのであるが、(その才気たるや)内容を理解できるガスパル・ヴィレラも、その場に居合わせた他の者たちも、彼の優れた技術とやり方を讃嘆するほどのものであった」。

盛んに開かれていた仏教の説法と、それらを熱心に聴聞し、仏教への素養を培い、信仰を深めている信者、宣教師たちが京都で遭遇したのは、このような情景であった。

「悪魔」の「偽造」

本章の冒頭で触れたように、仏教の信仰では得られないものに惹かれた人々がキリスト教に入信していったとはよく言われることであるが、意外なことに、当時の日本人が、キリスト教を仏教に酷似したものとみていたことも宣教師の報告書から窺える。

例えばバルタザール・ガーゴは、最初は日本の仏教の用語を説教で用いたものの、それが信者に誤解をもたらすことに気づき直ちに言葉を変えたが、その後に日本人の聴聞者たちが、「かなり以前から、私たちの事柄(宣教師が説く内容)が彼らのそれ(日本人の宗教)と同一の事柄である、と言っていたことを聞いた」という。「なぜなら、私たちが慈悲を施すように言うと、彼らもまた自分たちの宗派においてそのことを言っており、罪の赦しも同様に与えられている」と述べたと記している。同じ書翰の別の箇所では「シナから将来した一〇宗派」を日本人が知らなかったら、キリスト教を「理解するのは大変困難であったでしょう」とも記している。

さらにルイス・フロイスは、「悪魔は彼ら(日本人)にいくつかの事柄においてキリスト教のそれに酷似している外面的な儀式を与えることに尽力した。そのことで(大変よく似ているがゆえに)、日本人たちは、私たち(宣教師)が彼らに説いていることと、彼らの有していることとは、すべて同じ一つの事柄である、しかしながら、深く聞くときにはたちまち混乱してしまうのだ、と言うようになった。彼らは三位一体にして一つである阿弥陀、そして釈迦は、一二人の弟子と彼の生涯についての四人の年代記作者をもつほどの無限の奇跡をもった人類の救い主であると言うのである」(『リスボン市科学学士院図書館蔵日本書翰』)と、日本人がキリスト教からうけた印象について記している。

　またフロイスは別の書翰で「彼らの多く、特に僧侶は雄弁であり、言葉巧みであり、彼らの教義がよって立つ直接の始原についての知識のない者は、しばしば、彼らが擁護することと我ら(宣教師)が保持する事柄とが、同じにみえずにはおれないだろう。彼らは外見上、彼らの神々への信仰と礼拝とに、様々な色合いを付す術を知っているために、(その色合いにより)深い考察なしに彼らの用語ないし命題をただ受け取ると、最高の、唯一の、真実の神と、世界の救い主以外のものを扱っているとは思えないのである」とも記している。もちろん日本の仏教は「すべて欺瞞であり、純然たる誤り」と前提してではあるが、フロイス自身、仏教の教理がキリスト教と酷似していると感じていたらしい。

　日本で行われる在来信仰の行事もまた、イエズス会の宣教師たちには、キリスト教のそれと酷似しているとみえたらしく、これらを「悪魔」が「偽造」したと述べている。ガスパル・ヴィレラによれば、京都の祇園祭は「聖母教会で行われるキリストの聖体祭」を「悪魔」が「偽造」したもの(『アジュダ図書館蔵イエズス会士アジア書翰』)、盆は「キリスト教徒が、彼らの祖先の霊魂に対して諸死者の日(諸聖人の日の翌日。現在は諸聖人の日のみ行われる)の頃に行っている祭式と霊魂のための祈り」を「悪魔」が「偽造」したもの(同上)という。ルイス・フロイスもまたヴィレラと共に将軍足利義輝に謁見した折、義輝の母にも謁見したが、その場にあった阿弥陀像は「幼子イエスのように彩色」されていた（『リスボン市科学学士院図書館蔵日本書翰』）と述べている。一つにはイエズス会の宣教師たちがヨーロッパの伝説に基づき、日本にかつてのキリスト教の痕跡が見出せるものとの先入観をもっていたせいかもしれないが、ともかくも彼らの目には仏教のキリスト教と酷似した面が映っていたようである。

死者の供養の願望

上述のように、イエズス会の説くキリスト教が日本人には仏教と酷似したものとみえ、宣教師の目にも日本人僧侶の説くことが、キリスト教と紛らわしいものにみえたとすれば、キリスト教が急速に受け入れられた原因は、むしろここにあるのではないだろうか。

もちろん宗教である以上、現世利益的な側面はキリスト教にも仏教にもつきものである。例えば宣教師らは病人や、精神の錯乱により「悪魔憑き」とされた人々に聖水を呑ませる「治療」を行っていたが、これは日本の中世にみられる、弘法大師の直筆とされる字が書かれた紙を濯《すす》いだ水を呑むものに似ている。また戦場に十字架の旗指物、コンタツ（数珠）やアグネス・デイを携行することは、第一章でみたように、神号や名号、経典の聖句を記した旗指物を携行する日本の風習と似ている。

しかし、こうしたどの宗教にもみえる類似と共に、日本人のキリシタンたちが、キリスト教の信仰をことさら祖先や家族の死者の供養と結びつけようとしていた点が注目される。前にも紹介したが、フランシスコ・ザビエルは、死んだ父母や妻子を地獄から救えないか、と尋ねられた時のことを次のように記していた。

「日本のキリスト教徒たちには、一つの悲歎があります。それは、地獄に堕ちた者にはいかなる救いもない、と私たちがいうと、彼らが深く悲しむことです。彼らがこのことを悲しむのは、亡くなった父母、妻子やその他の死者たちへの愛のために、この者たちを哀れんでいるからです」。

先にも述べたように、この時代は、家という共同体が下級武士や「百姓」(平民)の階層にも一般化していった時代であった。仏教の信仰はこれと密接な関係にある。例えば本願寺門徒の間で、家族の死者に対する法事が盛んであったことは前章で述べたとおりである。家族という集団の特徴の一つは、メンバーの記憶が途絶えない限り、死者が居場所をもつことである。いとおしくかけがえのない死者と共に生きることも家族の特徴である。

同時期にみられる仏教の信仰の隆盛と、家族という共同体の拡大・伸展とは偶然の一致とはいえないであろう。仏教に酷似するキリスト教を受け入れた人々が、同じものを求めることもまた不思議ではないのではないか。ザビエルは「いかなる救いもない」と断言していた。しかし、イエズス会は日本の盆とよく似た、キリスト教の諸死者の日を導入しようとした。また高瀬弘一郎氏によれば、日本のキリシタンたちに盆行事の一部への参加を黙認したという。これらのことは、こうした信徒の願望に対応するものといえよう。

日本人のニーズに応える

イエズス会もまた、日本人の親しんできた信仰の形をまったく無視してキリスト教信仰を広めることはできなかった。イエズス会司祭フランシスコ・カブラルは、次のように記している。日本人のキリシタンらが、祈りの言葉さえ満足に知らないうちに他人を改宗させようとしているのをみると、満足と共に困惑を感じる、満足なのは、貧しく、身分の低い、純朴なキリシタンらに、まるで主デウスの御業がみえるかのようだからである、一方で困惑するのは、彼ら日本人キリシタンの朴訥な説教が異教徒の心を動かすのに、我々宣教師が説く効果的な道理によっては、異教徒の心を動かすことができないからである、と。

第二章で触れた本願寺法主蓮如は、教理に詳しい者が人を信仰に導くことはできない、素朴で無知な尼入道が熱心に信仰する姿をみて人は信仰に入るのであり、それは仏の力によって入信するからである、と述べている。こうした、いわば「愚者」の信仰に注目する見方は何も蓮如に限ったことではない。戦国時代の説話集『塵塚物語《ちりづかものがたり》』には、「世間の人をみていると愚かで力量に乏しい者にえてして神仏の利益に与る者が多い。そのわけは聞いたことをそのまま信じ、自分で判断せず深く畏れ尊ぶからで、それゆえ神仏の感応もあるのである」との一節がある。

日本では教理の整合性や哲学的関心よりも一途な信心が、宗教生活においても伝道においても重んじられたことが窺えるが、それと同じことがキリシタンの間でも起こっていたことがわかる。キリスト教の教えもまた、当時の日本社会のニーズと日本人の宗教的感性とを離れて広まることはなかったのだといえよう。この時代に固有の、一般的にみられた人々の信仰の形に合致したからこそ、仏教も、キリスト教も、人々の信仰を得ていったのではないだろうか。

3 織田信長とキリシタン

キリシタンに好意的な信長像

一般に織田信長は「革新的」であり、ヨーロッパから流入してきたキリスト教に、いち早く理解を示し、イエズス会を厚遇したとされている。しかしながら、上述のようにキリスト教もまた、当時の日本社会のニーズをふまえて広まったことを考えれば、新来のキリスト教が、当時の人々に馴染みの薄いものにみえたかどうかは決して自明ではない。したがって新奇であるから、「革新的」な信長の関心を惹いたという見方も再検討が必要ではないか。

そもそも織田信長がイエズス会を厚遇したかどうかも、確実な日本側の史料があるわけではなく、この点はもっぱらイエズス会の史料によったものである。確かに信長の家臣太田牛一《おおたぎゅういち》がその主君の生涯を記した『信長公記《しんちょうこうき》』には、信長がイエズス会に対して安土《あづち》に屋敷を与え、そこに立ち寄り、イエズス会の方も進物として黒人を献上したことなどが記され、両者の関係は良好だったようである。江戸時代に成立した『吉利支丹物語《きりしたんものがたり》』にも信長が宣教師を安土へ召喚し、屋敷を与えたとの記述がみられる。しかし信長の特別な好意を示す史料は、これ以外日本側には見当たらないのである。そもそもイエズス会の当時の活動を物語る同時代の日本側史料が少ないのであるから、この点は当然かもしれない。

その中で、天正六年（一五七八）、摂津国荒木村重が毛利方に寝返った際、荒木村重と行動を共にした高山右近《たかやまうこん》がキリシタンであることに注目した織田信長が、イエズス会宣教師オルガンティーノに指示して、右近を説得して織田方につかせたという事件がある。この事件に関しては、イエズス会側の史料に加え、わずかではあるが、日本側にも比較的信憑性の高い、前述の『信長公記』があるので、両者を比較検討して考えることができる。この事件を通じて信長のイエズス会に対する態度をみていきたい。

イエズス会に「宗門断絶」を宣告

日本側の史料『信長公記』をまずみてみたい。

然して高槻の城主高山右近ダイウス門徒に候。信長公御案を廻《めぐ》らされ、伴天連《ばてれん》(宣教師)を召し寄せられ、この時高山御忠節仕り候やうに才覚致すべし。さ候はゞ、伴天連門家何方《いずかた》に建立候とも苦しからず。もし御請け申さず候はゞ宗門を御断絶なさるべきの趣き仰せ出ださる。(巻一一)

高山右近が「ダイウス門徒」つまりキリシタンであることに目をつけた信長が宣教師を呼び、高山右近が味方になるように尽力せよ、そうすれば「伴天連門家」つまりイエズス会がどこで教会を建て、布教しようと構わない、しかし信長の命令に従わないなら、キリシタン宗団を断絶させるであろう、と述べている。さらに『信長公記』は、この引用部分の後に、宣教師が高山右近を説得し、右近は信長に高槻城を明け渡し、自らは出家したので、事態は解決したと記している。

一方、イエズス会側の史料はどうであろうか。この『信長公記』に大筋で一致するのが、次に紹介する宣教師フランシスコ・カリヤンの二通の報告書である。第一は一五七九年二月五日付のものである。これは一五九八年にポルトガルのエヴォラで出版された『日本通信』に一五七九年書翰として収録され、早くから知られてきた。しかし収録の際、上記の『信長公記』の記事に対応する部分が、他のかなりの部分と共に削除されたため、注目されることは少なかったように思われる。ここでは収録される以前の形を留めている、リスボン市のトーレ・ド・トンボ国立文書館所蔵のイエズス会文書によって、内容をかいつまんで紹介したい。

オルガンティーノが都で書いた書翰が、堺の日本人を通じて、カリヤンのもとに送られてきた。それによると織田信長がオルガンティーノを召喚して、高槻城に行き高山右近とその父に次のように伝えるよう指示した。その内容とは、もし荒木村重に背き信長の味方をしなければ、直ちに司祭を殺し、五畿内のキリスト教団を破壊するであろう、というものであった。さらに信長はジョアン・フランシスコ以下都にいたイエズス会員及び関係者を人質として近江国へ連行した。オルガンティーノはすぐさま高槻へ旅立った。

高山右近はオルガンティーノの説得にもかかわらず、二歳になる一人息子と姉妹を荒木村重に人質として渡していたため、容易に納得しなかった。オルガンティーノは事態を信長に報告するため、城を出ようとしたが、城の者たちは彼を捕虜として勾留した。しかし、オルガンティーノは隙をみて城を出たところ、これを知った右近が後を追って、彼に追い付き、その場で頭を剃った。このためにすべてはうまくいったという内容のものである。書翰の最後に「キリシタンたちが信長にとって忠義の者であることを知り、信長が改宗事業に関心を示すよう、主デウスにおすがりすることが大事である」と述べられている。

もう一通のカリヤン書翰

もう一通は同じフランシスコ・カリヤンが書いた一二月一日付の「一五七九年度日本年報」である。これもまた一五七九年一二月一〇日付の年報としてエヴォラ版『日本通信』に収録されている。スペイン語の原文をポルトガル語訳したものであるが、やはりいくつかの部分が削除され、その削除された中に高山右近に関する部分が入っている。その部分からもう少し詳細な点がわかるので、ローマ市イエズス会文書館の日本・シナ関係文書(Jap. Sin. 文書)により、内容を要約して紹介しよう。

高山右近は、荒木村重が織田信長に背いて毛利と通じた時から、村重と信長のいずれに味方すべきかに悩んでオルガンティーノに相談していたという。というのは信長に味方すれば直接の主人である村重に背き、村重に渡した人質を失うばかりか、人質を見殺しにしたとして武将としての名誉を失う、一方村重につけば、右近・村重の共通の主君である信長に背き、村重が結ぶ毛利・本願寺というキリシタンの敵に味方することになるからである。オルガンティーノは信長方につくべきだと諭し、神に祈ることを指示した。

その後に織田信長が高山右近を従属させるために、都のイエズス会員の半分を人質とし、オルガンティーノを安土へ召喚して、彼の前で「大いなる誓約と宣誓」を行い、右近が自分の味方につくならば、イエズス会とその改宗事業を擁護するが、そうならなければこの地域のキリスト教団すべてを滅ぼす、と宣告したこと、オルガンティーノが出向いて説得したが、右近一族は容易に納得しなかったこと、ついに城を去ろうとするオルガンティーノの面前で右近が剃髪し出家したことは先の書翰とほぼ変わらない。

カリヤンによると右近の出家はデウスを侮辱せず、織田信長にも荒木村重にも敵対せず、戦さにもかかわらず、ただ司祭らと共に信仰に生きるとの表明であり、右近が自ら城を信長に引き渡したというわけではないので、村重は人質を殺す理由を見出すことができず、右近は人質を失うこともなく、高槻城は織田方につき、畿内のキリスト教団は安泰に終わった、と記している。

キリシタンに好意的か？

以上の二つの書翰の記事は、それぞれほとんど『信長公記』の記述と一致している。つまり織田信長はイエズス会に対し、命令に従えば保護を加えるが、そうしなければキリシタンを滅ぼす、と明言していたことになる。従来いわれているように、イエズス会に格別の好意をもっていたという織田信長像とは少なからず乖離した信長の一面を窺わせるものである。

一方イエズス会員による記述の中でもイエズス会に、より好意的な信長像を提示したものとして、ルイス・フロイスの『日本史』がある。そこでは、荒木村重の謀反で窮地に陥った織田信長が、いわば半泣きになって、高山右近が味方するよう説得してほしいとオルガンティーノに懇願したことが記されている。さらに信長は、右近が村重に与えた人質と、信長自身が村重から取った人質とを交換する用意があるといい、もし味方となれば、右近には望みどおりの恩賞を与え、イエズス会の要求は何でも受け入れると約束した。

　そしてオルガンティーノと高山右近との交渉によって、右近が内心織田信長の味方になるつもりであることを知ると、信長はイエズス会員を人質に取ったが、これは右近の味方につく決心を促すためであった。しかし人質問題が解決せず、事態は膠着したままであったので、オルガンティーノは直接自身が高槻城に入り、右近を説得することにした。そして結局右近が出家遁世することで事態は解決したと記している。この記述の特徴は、カリヤンの前述の二書翰とほとんど同じ内容ながら、信長が、自分の命令どおりに行動しなければキリスト教団を滅ぼすと宣告したことをまったく記していないことである。

　どちらが実像を伝えているかは、なかなか判断が難しいが、ポイントはフランシスコ・カリヤンの二つの記述は共にオルガンティーノから得た情報を基にしている点であろう。この事件が起こった際、ルイス・フロイスは畿内にはいなかった。したがってフロイスの記述は間接史料及び伝聞に基づくものであり、事件の当事者であるオルガンティーノの情報を基にしたカリヤンの書翰の方が信憑性は高いということになる。織田信長の家臣太田牛一の記した『信長公記』と内容が一致している点も信憑性の高さを裏づけるものである。

　そうなると、織田信長は確かに一方でイエズス会を歓迎したといえるが、他方で、自分自身の利益のためには、キリシタン教団を滅ぼすと言い放ちもしたともいえる。カリヤンの一五七九年二月五日付の書翰には「キリシタンたちが信長にとって忠義の者であることを知り、信長が改宗事業に関心を示すよう、主デウスにおすがりする」云々とある点からみると、カリヤンは信長が特にイエズス会に好意的だとは認識していなかった。イエズス会員の中にも、信長への様々な見方があったのである。そのうちの一つだけを取り上げて、信長がキリスト教に好意的だと考えることは適切とはいえない。

第四章　キリシタン大名の誕生

イエズス会の宣教活動によって日本各地にキリスト教が広まっていったことは前章で述べたとおりである。信仰の浸透により大名の中にもキリスト教に帰依する、いわゆるキリシタン大名が現れた。大友宗麟、大村純忠、有馬晴信らをはじめ、高山右近、黒田孝高《くろだよしたか》(如水《じょすい》)、小西行長《こにしゆきなが》等がその事例として知られている。

キリスト教が広まれば、大名たちの中にも信者が出現するのは当然とも思われるかもしれない。しかしこの時代、大名たちの最大の役割は、何といっても領国の維持であった。そのための戦争では、第一章ですでにみたように、神仏に戦勝祈願を行い、神仏への信仰に訴えて、家臣から従軍する雑兵に至るまで志気を高め戦場に臨むことは、何よりも大事であったはずである。

それに対しイエズス会宣教師は、日本在来の神仏を悪魔として排除し、それへの信仰を異教として撲滅を期することを大原則としていた。イエズス会は信者を増やしていく一方、神仏への信仰を排除する排他的な姿勢によって、日本人の反感をも引き起こしていたことは前章にみたとおりである。キリシタン大名には、神仏への信仰を排除しつつ、なお家臣や雑兵たちの信仰に訴えて志気を鼓舞するという困難な仕事が待っていたといえる。

この章では、大友宗麟・有馬晴信・大村純忠についてこの点を考えてみたい。彼らは、イエズス会宣教師で巡察師のヴァリニャーノの勧めにより、天正一〇年（一五八二）にローマ教皇に少年使節を送り、使節らは教皇に謁見して、三人の書状を捧呈したとされる。このようにイエズス会とことに密接な篤信のキリシタン大名として知られているからである。

1　大友宗麟の改宗

南蛮貿易重視と宗麟の信仰

キリシタン大名はいかにしてキリシタンとなったか、この問題を考える上で適切な事例は必ずしも多くはない。いかなる過程を経て日本在来の信仰を捨てて、キリスト教に帰依したか、という点がわかる事例が限られているからである。その中で、大友宗麟の事例は、宣教師らの詳細な報告により、改宗に至る経緯が知られる数少ない事例の一つである。

大友宗麟は早くからイエズス会宣教師を優遇し、キリスト教に理解を示したとされる。しかし、宗麟なる法名を有することからもわかるように、仏教への信仰も篤かった。改宗して洗礼をうけたのは天正六年(一五七八)、一六歳の折キリスト教を知ったという自らの述懐によれば、その三三年後である。しかし一方では前章に述べたとおり、ガーゴ、フェルナンデスやトルレスらが豊後に至って以来、イエズス会宣教師を領内で優遇していた。その理由は、主に南蛮貿易のもたらす利益を重視しており、ポルトガル側が貿易の条件とした布教活動の許可を積極的に行ったからだと考えられる。

宗麟はゴアのインド副王との交渉を望み、それを仲介するイエズス会司祭が領内に滞在することを歓迎していた、とルイス・フロイスは記している。事実、永禄一〇年(一五六七)には、毛利氏との戦いのために、ポルトガル人との貿易により、火薬の原料である硝石《しょうせき》を入手しようとしており、またイエズス会士で司教のドン・ベルショール・カルネイロに対し、ゴアのインド副王から大砲の贈与が行われたことを感謝している。この大砲は海難事故で宗麟のもとに届かなかったため、宗麟はさらにもう一度の贈与をも期待すると述べており、南蛮貿易にかける大きな期待を窺うことができよう。

しかし宗麟は、キリスト教の信仰そのものには関心がなかった。豊後国に宣教師の滞在が始まった頃、宣教師メルショール・ヌーネス・バレトは、宗麟に信仰に入る気があるかどうかを確かめようとした結果、彼が改宗すればたちどころに家臣たちに殺されると思っていること、キリスト教徒にあるまじき悪習に耽る罪を犯しており、「魂は肉体と共に滅ぶ」とする宗派、すなわち禅宗に帰依していて、とても改宗の見込みがないことを確認している。

戦国大名が家臣たちの同意なしに改宗できなかった事情は、前述した戦争と宗教との関わりを考えれば一目瞭然といえよう。肥前国の有馬義貞もまた、キリスト教に理解を示したにもかかわらず、キリスト教に対する家臣たちの理解が及ばない以上、キリシタンになることはできないと述べた、と宣教師ベルショール・デ・フィゲイレドは報告している。

ただしまったく経済的な理由のみでキリスト教を優遇していたわけでもないようである。イエズス会宣教師を領内に置くようになってから、大友宗麟には跡継ぎの子息が生まれ、永禄二年(一五五九)には幕府から新たに豊前・筑前・筑後の守護の地位を認められた。彼はこれが宣教師を領内に滞在させたことの功徳によると考えたらしく、領内からの宣教師の追放を進言する家臣に対しても、子息の誕生と領土の拡大を理由に聞き入れなかった、と修道士ルイス・デ・アルメイダは記している。

毛利元就が、合戦の直前に厳島神社からの巻数《かんず》が届いたこと、厳島の普請に出向いた折に敵と遭遇し、大勝利を収めたことなどに、神慮の介在を想定して信仰を得たことは第一章で述べた。戦場の武運や家中の繁栄を期待する大名としては、わずかなジンクスにも幸運の手がかりを見出したいと思うのだろう。その意味では宗麟のイエズス会優遇は当然のことだったともいえよう。

戦争と神仏への信仰

大名である大友宗麟がイエズス会を優遇する一方、大友氏が遂行する戦争においては神仏への信仰が大きな役割を果していた。永禄四年、豊前国で毛利氏と通じた牢人が蜂起したため、大友氏がこれと交戦している最中に、大友家重臣の奈多《なだ》鑑基《あきもと》が宇佐八幡宮に攻撃を加え、それを宇佐八幡宮の神官らが大友氏に訴え出るという事件が起こった。

大友氏側はその訴えを全面的に承認し、今後の社家の安全を図ることを約束しているが、その上で大友氏奉行の吉岡《よしおか》長増は、神官ら全員に対して、さらに勝ち戦さのための祈禱を促している。なぜならおよそ戦争の際には、神慮を仰ぐことが戦勝のために最も必要なことだからである、と説明し、ますます「御屋形様」つまり宗麟の武運長久と国家の静謐をねんごろに祈るよう依頼している。

翌年には毛利氏との戦いに際して田原《たわら》親宏《ちかひろ》・田北《たきた》紹鉄《しょうてつ》・志賀《しが》鑑隆《あきたか》・戸次《べっき》鑑連《あきつら》ら大友家重臣たちが、宇佐八幡宮に鎧・甲を寄進し、戦勝祈願の願文を捧げていた。その願文によれば、阿弥陀如来の垂迹《すいじゃく》（仏が衆生済度のために日本の神として現れること）である八幡神は正しい者を助け、悪人を滅ぼすとの誓いを立てた神だから、このように戦勝を祈願するのだという。その悪人とは毛利元就父子とその与党に他ならない。

彼らの罪状は、単に上下の秩序を乱し悪逆人を率いて豊前・筑前に侵入し、人民から掠奪したのみではない。仏・法・僧の「三宝」を軽んじ、天道や制度に背くとは八幡大菩薩の神敵に他ならない、というのが重臣らの毛利氏に対する断罪である。かたや大友氏は、仁《じん》・義《ぎ》・礼《れい》・智《ち》・信《しん》の「五常」と呼ばれる徳目をもっぱらにして、天地を崇め、仏法・王法を守護するための義兵を起こしたのだ、というのが彼らの言い分である。

この願文においては、第一章でみた上杉謙信と同様に、敵の罪状が現世の領域のみならず、神仏への信仰の領域においてもあげられているのである。言い換えれば、現世での悪行を訴えるのみならず神敵・仏敵でもあるとの断罪が、家中や軍勢の志気を高める上で必要だったことが窺える。ここでも戦争は神仏への信仰と密接に関わっていたものといえよう。

民衆の避難所

さらに戦闘の当事者ばかりではなく、戦乱を避けて生き残りを図る民衆にとっても神仏への信仰は重大な意味をもっていた。先ほどの奈多鑑基について行った訴えの中で、宇佐八幡宮の神官は、鑑基の手の者が、宇佐八幡宮内におかれた物品や俵に収めた人々の持ち物に手をつけたことを非難している。これらの物品や「俵物」は、戦乱を避けるために民衆が、妻子と共に、神を頼んで宇佐八幡宮内に預けたものであり、それに手をつけることは許されないというのが神官側の主張である。戦乱の際、戦闘に巻き込まれることを避けようとして民衆が、神仏の聖域に避難し、そこに所持品や家族を預けることは戦国時代には珍しくなく、宇佐八幡宮もそうした場であったことが窺える。

戦乱の時代に生きる民衆にとっての、戦乱を避けるための避難所(アジール)の存在を支えていたのが神仏への信仰であった。神仏への信仰を擁護するか否定するかは、こうしたアジールのあり方にも重大な影響を与えることは見やすい道理である。戦闘当事者と共に民衆にとっても、戦国時代を生き抜く上で神仏への信仰が不可欠ともいうべき重要な意味をもっていたことが想定される。

加えて当主大友宗麟は禅宗への帰依が深かった。京都の紫野《むらさきの》大徳寺に塔頭を建てて大規模な所領を寄進したばかりか、豊後臼杵《うすき》にも城の前に僧院を建設して都の有名な「学者」(禅僧)を住まわせたとルイス・フロイスは述べている。フロイスによれば、宗麟は「いかなる説得によっても、デウスに関する事柄を、彼が自分から聞いてみたいと思わせること」ができないほど禅宗に傾倒しており、現世があるのみで「霊魂の不滅や未来の刑罰と栄光」などはないと確信していたという。

宣教師に対しても、貴殿らが逆のことを説くのは、現世的支配が（来世の救済の願望と堕地獄の恐怖とを人々に植え付けることによって）うまくいくように、真実を隠蔽しているからだろう、と言うほどであったとフロイスは述べ、したがって家臣たちの中には宗麟の歓心を買うために禅宗に帰依する者も少なくなかったと付け加えている。

かくして豊後府内にはイエズス会によって病院が建設されていたけれども、キリシタンになるのは、そこで病気を治してもらったことへの感謝のために入信する下層民と伝染病患者だけで、府内での布教二〇年の間に、武士でキリシタンになった者はたった一人であった、と司祭フランシスコ・カブラルは述べている。カブラルによれば、キリシタンは自らが下層民の同類とみなされることを恥じ、人前に出られないほどだったという。

宗麟の隠居と正室の「離縁」

大友宗麟は息子の義統《よしむね》に家督を譲るに際して、正室を離縁し、彼女と同居していた館から隠居所に移ってそこに新妻を迎えたと、ルイス・フロイスは述べている。離縁の理由はフロイスによれば、性格が合わなかったばかりか、正室がキリスト教に敵意を燃やしていたことによる、という。キリシタンになろうとする者を断念させたり、受洗した者には棄教するよう働きかけたり、あげくの果てはキリシタンになった者が首にかけていたコンタツ(数珠)やヴェロニカ(キリストの聖骸布の顔面像)を取り上げて火中に投じたりした。

ただし、だからといって宗麟がキリスト教に積極的関心を示したわけではない。宣教師たちの報告書をみる限り、宗麟の隠居は天正四年(一五七六)以前のことと考えられるが、宗麟が洗礼をうけたのは、その二年後である。現存する宗麟の文書をみると、自らのために寺社が祈禱してくれたことを示す「巻数」に対し、天正六年六月まで礼状をしたためていることが確認され、宗麟は洗礼の直前まで神仏への信仰を捨てていなかったと想定される。

この点はルイス・フロイスの記述からも裏づけられる。宗麟がキリスト教に関心を示し始めた天正六年六月の、聖ヤコブの日(西暦七月二五日)に、フロイス自身が宗麟に対し、われわれ宣教師は殿下に対し今まで受洗するよう説得もしなかったし、殿下も数ヶ月前までは受洗のことを考えもされなかったと述べている。つまり正室を「離縁」(事実は別居)する時には、改宗のことなど考えていなかったと考えられる。

それではなぜ正室を「離縁」したのか。この「離縁」が新妻を迎えるためであったことは明らかである。その新妻は正室に「侍女頭」として仕えていた女性であり、かつ宗麟の次男親家《ちかいえ》の妻の母であったとフロイスは記している。親家は宗麟が禅宗の僧侶にしたくて入寺させたが、それを拒否したため、キリシタンに入信させたという経緯があった。宗麟にとっては姻戚関係のある女性であり、おそらく「離縁」以前から両者がお互いに知った間柄であったと考えられる。

フロイスによると宗麟がこの女性に愛情を寄せたのは美しさのためではなく（当時すでに四〇歳でそれはなかったとフロイスはいう）、「常に病弱な王（宗麟のこと）にまるで奴隷のように仕えており、家政に秀でていたからだという。とすれば、身近にいた侍女に関心をもったことが「離縁」の原因であることになる。後代の史料であるが『大友記』は、宗麟が女色に耽った結果、正室と不和になったとする。いずれにしろ、信仰に関わる理由は特になく、身近な女性に関心をもったことに原因を求める方が妥当であろう。

新妻の改宗と現世利益

宗麟の新妻がキリスト教に改宗し洗礼をうけたのは、宗麟の「離縁」事件の記憶が薄れるほど時間が経った後であったとルイス・フロイスは伝えている。もっともそれはやはり宗麟の改宗前であり、宗麟自身は依然宣教師からみて「異教徒」であった時期だと考えられる。というのは、豊後の布教活動の指導者フランシスコ・カブラルが、新妻の洗礼前に彼女に対してなされる説教を、宗麟も聞く機会を得てキリスト教に関心をもつよう、府内の司祭と修道士にミサを立てて祈ることを命じた、とフロイスが記しているからである。宣教師にとってまだ彼は度し難い「異教徒」であった。

「異教徒」の宗麟がなぜ新妻の改宗を考えたのだろうか。いざ洗礼をうける時点で新妻が病気に罹っていたことが注目される。新妻と親家の妻とが公教要理(教義の問答体解説書)の説教を聞き終えると、宗麟はカブラルに、新妻のもとに司祭の方から出向いて洗礼を授けてほしい、教会は遠く、新妻は病気だから、と頼んだという。カブラルはそちらに行って洗礼を授けることは問題ないが、彼女をキリシタンとして正式に妻にする場合、たとえ殿下が異教徒であれ、彼女と一生暮らし続ける決意が必要だと回答したという。

洗礼を授ける側の宣教師が、うける側の、しかも新参の信徒のもとにわざわざ出向くという異例の措置を許容したのは、宗麟がよほど大事な布教活動の保護者であったことに加え、新妻の容態がかなり悪かったためであろう。とすると「異教徒」の宗麟がわざわざ新妻を受洗させせようとしたのは、この病気が原因であったと想定することは容易である。

当時の豊後においては、病人が治癒を望んで宣教師に受洗を懇願し、受洗してキリシタンになることは、先にみた病院の例も含めて、宣教師の記録にかなり頻繁に登場し、普通にみられた現象であったといえよう。中世の日本人が、例えば著名な平清盛のように、病気平癒を祈願して出家したことはよく知られている。同様にキリスト教に対しても、戦国期の豊後の人々が、受洗の現世利益を望んだのだと思われる。

しかし、なぜことさらに洗礼が効果的だと宗麟は考えたのだろうか。正室が新妻に恨みを懐《いだ》いて彼女を呪詛したというフロイスの記述が注目される（『日本史』）。というのは『大友記』もまた、宗麟の色好みという「不行儀」を正室が深く恨んで呪詛に及んだと記しているし、『陰徳太平記』もまた宗麟正室が宗麟を呪詛したと記しているのである。対象が宗麟か新妻かという違いがあるものの、正室が呪詛を行ったことが当時豊後で取沙汰されていたことは確かであろう。また前妻が後妻を恨んで攻撃を加えるという「後妻打《うわなりうち》」は中世の慣習であった。したがってこのフロイスの記述には信憑性があると思われる。

当時他人の呪詛によって病を得るという観念は通常のことであった。とすれば、新妻の病と正室の呪詛の噂とを宗麟が結びつけたとしても不思議はないだろう。しかも正室は神仏への信仰篤く、特に「離縁」以後は仏僧や「魔術師」(祈禱師を指すものか)と過ごすことが多かったとフロイスは記している。神仏の力による呪詛に対抗するには、神仏に真向から対立するイエズス会宣教師の宗教の力こそが最も有効である、と宗麟が判断したとしてもおかしくはない。かくして新妻は受洗した。後に宗麟自身が受洗し、日向へ進撃する際には、宗麟の船に新妻は同乗しているから、健康を回復したのだろう。このキリスト教の、いわば霊験が宗麟の心を動かしたことは想像にかたくない。

伊東義祐の援助依頼と改宗宣言

天正五年(一五七七)一二月、日向の大名伊東義祐《いとうよしすけ》は、島津義久《よしひさ》との戦いに敗れて、姻戚関係にあった大友宗麟を頼った。宗麟の子義統は直ちに軍勢を率いて翌年春に日向国に侵攻し、島津方についた土持親成《つちもちちかしげ》を滅ぼした。ここで義統軍は日向国の寺社を破壊したが、これは宗麟・義統二人の意向によって行われたことであるとルイス・フロイスは記している。

そして四月頃、宗麟は自ら日向国へ侵攻することを宣言した。フロイスの記述によれば、宗麟はこの日向国に再び入植し、新妻と共に隠居の地とすること、一方義統は宗麟から引き継いだ豊後以下の従来の所領の安泰を図ることを決めたという。そしてカブラルに対しては、日向侵攻に際しては、日向出身でキリシタンとなるべき人々と、宗麟と共に滞在する武士三〇〇人のみを伴うこと、日向に建設される都市は日本とは異なる新たな法と制度により統治され、日向の住民と彼及びその家臣とは全員キリシタンとなり、兄弟のような友愛と絆により暮らすこと、また彼自身受洗することを宣言し、さらにそのために司祭一人と修道士数名が同行することを求めたという。

日本とは異なる新たな法と制度により統治され、という記述は、フランシスコ・カリヤンの書翰では「キリシタンとポルトガル人の法に従って」統治されるとされており、要するに、全員がキリスト教の信仰に依拠して生活する都市を建設するという意味であろう。占領地の日向国を彼個人の隠居の地としてキリスト教によって統治し、一方在来の領国は義統に委任して従来どおりに統治するというのが宗麟の意図であったと考えられる。

このようにみると最初の戦闘で軍勢に日向の寺社を破壊するように指示したのは、宗麟の公然たる信仰表明であったことがわかる。ここで初めてキリシタンとしての行動を開始したといえるが、その行動がもっぱら日向国に限定されていることにも注意しなくてはならない。なぜなら嫡子の義統に引き継いだ領国においては、従来からの信仰を重んじた支配を行うことと併存する企画とみられるからである。豊後国を核とする領国でキリシタン大名となるならば、豊後の寺社を破壊し、その神仏への信仰を排除しなくてはならないだろう。それができないとみて宗麟は、新たな占領地に限って、そこでキリシタン領主となる道を選んだと考えられる。占領地の日向で洗礼をうけると宣言したが、実際には日向へ向けて出撃する直前の、天正六年七月の聖アゴスティニョの日(西暦八月二八日)に洗礼を受け、聖フランシスコの日(西暦一〇月四日)に新妻を伴い日向へ向けて出撃する。そして耳川《みみかわ》の合戦で島津軍に大敗し、豊後国に逃げ帰ることになるのであるが、その後も宗麟個人は信仰を守り、隠居領津久見《つくみ》において、全領民を改宗させるキリシタン領主としての支配を行った。

2　家中のキリシタン信仰

有力者の受洗

先にフランシスコ・カブラルの証言でみたように、豊後国でキリシタンとなる者はながらく下層民か伝染病患者に限られ、地位のある信徒がいなかったために、キリシタンの社会的地位は低く、キリシタンはあえて人前に出られない、という状態が続いた。その中で宗麟第二子の大友親家が受洗したことは、異教徒であった豊後の人々がキリシタンに一目置き、キリスト教に関心をもちはじめる効果があった、とカブラルは記している。

イエズス会の布教方針は、前章でみたように、まず領国の支配者を改宗させ、トップダウン方式で領民を改宗させるというものだったとされている。なぜならカブラルが述べるように、領民の信仰は支配者の意向に左右されやすく、「最良の布教者は領主や「殿」」というのが、日本人の信仰の実情だった。イエズス会に好意的ではあるものの、まったくキリスト教に関心を示そうとしない大友宗麟が改宗するよう、カブラルが司祭や修道士にミサを立てて祈ることを指示したのは、こうした事情からであると考えられる。

さらに宗麟の義理の甥で、正室の兄弟田原親賢《ちかかた》の子であり、宗麟の娘聟になる予定であった田原親虎《ちかとら》の改宗もまたイエズス会にとって朗報であった。田原親虎がイエズス会の布教に触れたのは、父親賢が彼に説教を聞かせるようカブラルに依頼したことによるものだったとルイス・フロイスは記している。しかし彼はその時偶然に起こった事件によってあっさりと受洗を決意したのであった。

親虎が説教を聞き始めた時期に、屋敷の近くで、ある女性が悪魔に憑かれるという事件が起こった。苦しむ彼女を助けるために僧侶が祈禱などを行ったものの、何ら効果がなかったが、その場にいたヤゴロウという名のキリシタンの手で悪魔祓いが成功した。この話を現場にいた山伏から聞いた親虎は、説教を聞いても、特にキリシタンになる気にはなれなかったにもかかわらず、直ちに洗礼をうけることを決意したと、カブラルは記している。

信長を真似る

こうして大友一族の中にも洗礼をうける者が現われ、宗麟から領国の支配を引き継いだ大友義統もまた、イエズス会の感化によりキリシタンに好意的になっていった。彼は僧侶らと仏教への嫌悪を強め、神仏への信仰を嘲弄して、寺院の所領を没収して家臣に与えたり、肥後国に家臣を派遣して仏像を焼かせたりしたと、フロイスは記している。なぜそのようなことをするのか、という家臣らの問いに対して義統は次のように答えたという。

仏僧たちはその地を骨の髄まで食い尽し、贅沢三昧な生活をし、貧者や、戦場で戦って命を失う兵士たちを嘲るからである、と。もし、彼らがその宗教の戒律を守って生活するか、あるいは来世では賞罰を、現世では繁昌と財宝を与え得るような神や仏が存在するならまだしも許せるが、仏僧たちの生活は偽善を伴い、偽善を重ね、悪徳に満ちており、彼らの祈禱と犠牲とは、経験によれば何の役にも立って来なかったからであり、それらを見て見ぬふりをすることはとてつもない無知であると思われるからだ、と。

その上で彼は、織田信長を引き合いに出して、信長も都の地で寺院を焼いたり、所領を没収したりと同じことをしたが、にもかかわらず彼は神や仏から決して罰をうけることはなく、かえって彼の事業は、その度にますます繁栄したではないか、と付け加えたという。イエズス会の布教の論理そのままに、義統は自らの行動を正当化しているのである。

織田信長は都で寺院を焼いたにもかかわらず、大きな権力を獲得し、繁栄しているではないか、という上記の大友義統の言い分は、イエズス会が布教活動の際に駆使する、神仏への信仰に対する攻撃の論理でもあった。

先にみた田原親虎の場合、父親賢は、最初イエズス会の説教を勧めたにもかかわらず、親虎がいざキリシタンになろうとすると、何とか思いとどまるよう説得してほしいとフランシスコ・カブラルに頼み込んだ、とはルイス・フロイスの記すところである。親賢が懸念したのは、親虎がキリシタンになれば、豊前国その他に存在する彼の所領内にある多くの寺院や神社が破壊され、所領が没収され、そこで行われている祭礼が消滅してしまうことであった。これに対してカブラルは、仮に彼がそれを行っても、織田信長の事例から明らかなとおり、それで大友領国が損害をうけることはないのではないか、信長は日本の神仏や宗派を破壊するという前代未聞のことをしたが、神仏の罰をうけることもなく、ますます繁栄したではないか、と回答したという。

神仏の寺社を破壊し、僧侶を迫害しても信長は罰をうけなかった、だから神仏には何の利益もない、とはまさに現世利益の論理に他ならないが、イエズス会が豊後布教においてこうした論理を駆使したことが窺える。そして大友義統にとっては、こうした論理が説得的であったことも窺える。

家臣の批判

しかしながら、家臣らにとってはこの論理は功を奏さなかった。家臣らが義統の行動を批判した文書には次のように記されている。

義統様は戦争に関する事柄にはまったく無分別であられる。なぜなら織田信長の真似をしているとお考えであるが、事柄によってそのお考えは不適切にもなるのである。信長は神通力の人だと聞いている。その上賞罰は正しく、未熟な者は即座に討ち果たし、忠節を尽した者には必ず所領を与えてその働きに報いるからこそ、諸人は命を捨てて戦うのである。また信長が寺社を破壊するのは、敵対したと思うから破壊するのであり、さもなければまったく手出しをしない。その真似をなさるなら、こうしてこそ然るべきなのに、まったく似ても似つかないことをなさり、結局何の罪もない寺社を、信長の真似だといって破壊なさるとは、見識がおありだとは少しも思われない、と。

信長による寺社の破壊は、敵対するものに限定されている、と主張する家臣らは、イエズス会の論理が、「何の罪もない」神社や寺院を破壊するために持ち出されていると感じていたようである。前節で述べたように、戦争の際に神仏の力にすがることがいかに重要かを肌身で感じていた家臣らは、容易にイエズス会の論理に動かされることはなかった。家中のこのような実態を知っていたからこそ、宗麟も自分の隠居領と目した日向国でのみ、また後には津久見でのみキリシタン領主となろうとしたのであろう。

耳川の敗戦について、大友家中の人々は、そもそも大名である宗麟はじめ、キリシタンになる武士が出てきたために、神仏の罰が下されたのだと考え、イエズス会宣教師に対して大いなる抗議の声が起こった。そして大友義統にも、この世間の噂を伝え、親類らも憤慨しているので、これ以上キリシタンらと関わらないようにと義兄弟の一人が忠告するほどであったと、フランシスコ・カリヤンは記している。敗戦によってイエズス会の権威は低落したと考えられる。

有馬晴信の受洗とキリシタンの軍隊

九州の他の地域ではどうだったのだろうか(図11)。肥前の有馬晴信が受洗した際は、大友家の場合とは違い、家中の同意をとりつけることができたと考えられる。晴信(当時は鎮純である が晴信で統一)が改宗を考えたのは、竜造寺隆信《りゅうぞうじたかのぶ》との対立の中で、キリシタン大名の大村純忠と同盟するためであり、特に天正八年(一五八〇)頃に領内の家臣に竜造寺と通じて晴信に背く者が出てきたことがきっかけだったとルイス・フロイスは記している。イエズス会側では親類や有力家臣の武将、さらには僧侶を説得して洗礼をうけさせることを条件に晴信の受洗を認めたため、親類や家中の説得に、晴信は非常に苦労しなければならなかった、とは宣教師ロレンソ・メシアの述べているところである。

しかし、竜造寺側の攻勢は急であり、彼の祖父や伯叔父らが竜造寺方に寝返るに至った。ただし晴信の父義貞の時代にキリシタンに改宗していた伯叔父らの一人が断固として有馬方に残ったのをはじめ、彼の側に留まった諸城はキリシタン、もしくはキリシタンの武将が在城している城であった。晴信が異教徒であったのに、彼らキリシタンの方が、異教徒の伯叔父や祖父より忠実だったと、メシアは「特筆すべきこと」として記している。竜造寺勢との交戦の中で、おそらくイエズス会の説得もあり、キリシタン武士らが多く晴信方に留まった結果、いわばキリシタンによる家中が形成されていったものと思われる。

イエズス会の方でも籠城する有馬方の諸城に兵粮、金銭、さらには鉄砲の弾丸の原料である鉛、火薬に用いられる硝石などを供与した。戦争の中で、イエズス会が布教する信仰によって家中の結束が保たれ、イエズス会の財力によって戦闘が継続されえたことは、おそらく有馬家に決定的な影響を与えたと思われる。やがて有馬方と竜造寺方との間で和平交渉が行われ始め、結局晴信はイエズス会との相談の上で、当初に竜造寺方に寝返った城を放棄するとの条件で和睦に合意したという。

図11　九州大名分布図

誰がみても巡察師ヴァリニャーノらの援助がなければ、この戦争の敗北は明らかであったため、有馬領内ではイエズス会への感謝の表明として、四〇以上あった「神・仏の殿堂」がことごとく破壊され、僧侶らはキリシタンに改宗するか、もしくは有馬領を去った、とロレンソ・メシアは記している。

天正一二年、改めて有馬晴信は、島津軍と連合して、竜造寺隆信と戦うことになった。この合戦は有馬・島津の連合軍が、苦戦の末に竜造寺軍を打ち破り、隆信の戦死で終わったものであるが、連合する島津軍の兵士たちは、突撃に際して友軍である有馬軍のキリシタン兵士らに次のようにいったとルイス・フロイスは記している。「汝らは、突撃し、イエズス・マリアの名を唱えよ。我らは八幡大菩薩(すなわち日本の戦さの神である)に祈ろう」と(Jap. Sin 9 II f. 275.『日本史』)。有馬軍が突撃に際して「イエズス・マリアの名を唱える」キリシタンの軍隊となっていた状況を窺うことができよう。

家中におけるイエズス会の権威

こうした中、大名である晴信以下、家中全体がイエズス会の権威を認めるような状況が有馬領国に生まれても不思議ではない。そのことを象徴するような、以下の出来事がフランシスコ・ピレスの書翰に記されている。イエズス会司祭のディオゴ・メスキータは、ゴアのインド副王との間で生じたトラブルの解決を図り、宣教師ジョアン・ロドリゲス・ツヅを通じて晴信と交渉し、日本からの進物として少年少女を送ることに決めた。

日本人の子供たちを奴隷として進物にしようというわけであるが、その際晴信は「パードレ(司祭)たちの意見によって彼らを送るのであるから、絶対的権力によって、望みどおりの者を進物として獲得できるものと考えた。事実彼はそのとおり実行し、自分の家臣たちから少年を取り上げた」という。結局一人の少年の母親が抵抗した末、有馬氏の役人らに殺害されたために、「パードレたちは自分たちから息子や娘たちを奪った」との噂が広まり、一時領民の誰も「教えの道に入ってこない」状況が生まれたという。

この逸話から窺われるのは有馬家中において、ほとんど当主晴信の権威を上回るようなイエズス会の権威が認められていることであろう。家中が戦乱を乗り切るためにイエズス会の力が必要とされたことが、こうした権威の形成に与って力あったことは想像にかたくない。

大村純忠の場合

おそらく同様の事情が大村純忠においてもあったと思われる。そもそも純忠は有馬家から入った養子であり、前当主大村純前《すみあき》の実子後藤貴明《ごとうたかあきら》をさしおいて家督を継ぐことになった。そのため前当主の血筋をうけた貴明を支持する勢力が依然家中に存在し、それを平戸の松浦氏、あるいは西郷、竜造寺といった肥前の武将たちが支援したために、純忠は常にこうした貴明派の勢力との抗争に明け暮れなければならなかった。

このような状況の下では、イエズス会の力を頼ることがごく自然だったのではないか。純忠軍がキリシタンの軍勢であることは、早くから知れ渡っていた。松浦氏との戦いの中で、純忠自身が左胸に十字架を、右胸に荊冠と釘を、また背中に別の十字架の絵を描いて戦闘に臨み、旗印に司祭コスメ・デ・トルレスが彼に与えた十字架の旗を携えたという(図12)。そして戦闘は聖フランシスコの日に行われ、戦闘の最中に天に十字架が現われたと人々は噂した、とはある身分高いポルトガル人の証言である。大村純忠軍がキリシタン風の軍隊となっていたことが窺える。

大村純忠は永禄六年(一五六三)に受洗しているが、それに先立ち、横瀬浦の港とその周囲の村々をイエズス会に寄進している。おそらく南蛮貿易の利益に加えて、イエズス会とかなり密接な関係をもっていたと考えられる。後に焼失した横瀬浦に替えて長崎を寄進することになるのであるが、大村氏のイエズス会との関わりの深さを想定することができよう。

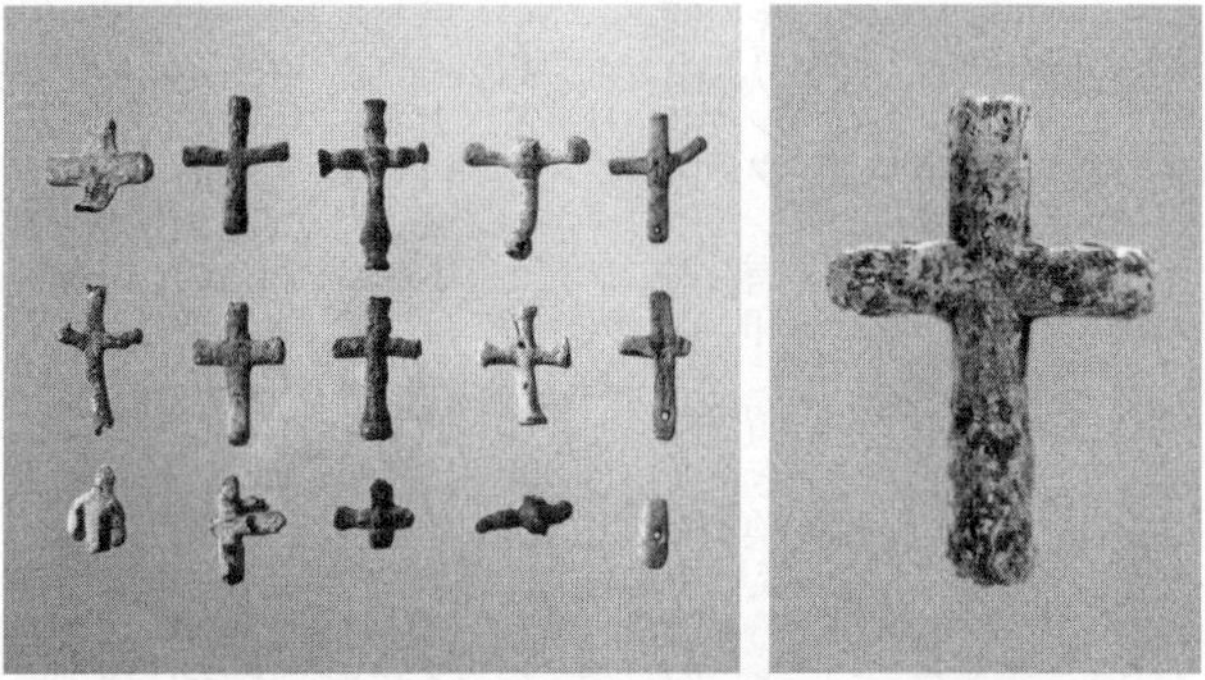

図12　火縄銃の銃弾で作った十字架(南島原市教育委員会所蔵)
キリシタンは十字架を戦場の守りとし，島原の乱では原城の兵士らに配布されたとされる．

とはいえ、受洗してからも大村領内では、イエズス会のいう「異教徒」の信仰が存続し、大村純忠自身、後述するように、受洗後もその正室や親族と共に、伊勢信仰を有していたことが窺われる。純忠が領内で大規模な寺社破壊を行った後も、大村領内の一般住民はいまだ異教徒であったという証言もあり、領内すべての改宗には相当の抵抗があったようである。家中をキリシタンの信仰に帰依させてなお、キリシタン領国の現出は容易なことではなかったのだろう。

戦争とキリスト教

以上、大友宗麟・有馬晴信・大村純忠の三大名について、キリシタンへの改宗とその領国の状況をみてきた。おそらく曲りなりにも家中の信仰をキリスト教のそれで統一し、キリシタン家中を創りだしたのは有馬晴信と大村純忠の二人のみであり、大友宗麟は前当主ないし隠居という立場で、自専できる範囲内でのキリシタン領主にとどまったと考えられる。

その最大の要因は、家中が結束して遂行してきた戦争が、在来の日本の神仏への信仰に大きく依存して行われていることであり、戦争に直面した戦国大名の家中に、その信仰を放棄させることは容易ではなかったことである。そうした中で、家中がキリシタンとして結束できた有馬・大村家中は、逆にイエズス会の力とその布教する信仰によらなければ家中の維持すら困難であるという特殊な状況にあったのであろう。

キリシタン大名として有名な高山右近も、領内の寺社を破壊し、家臣に信仰を強制したとの理由で豊臣秀吉から所領を没収される憂き目をみたのであり、家中に神仏への信仰を捨てさせ、キリシタン信仰に置き換えるという試みは、キリスト教と仏教とが類似しているとの感覚はあっても、容易なことではなかったといえよう。後年イエズス会のヴァリニャーノは、フランシスコ・カブラルが主導してきた日本イエズス会の方針の改革を行い、その後に改革前の状況を回想しているが、その中で、この章で取り上げたキリシタン大名らの本音ともいうべき言い分を記している。

有馬晴信と大村純忠は次のようにいったという。

司祭たちがキリスト教とは相容れないというから、我々は自らの願望と嗜好とを犠牲にして寺院のすべてを破壊した。しかし司祭らの方は、我らの領地にいながら日本人のよい習慣と上品な行動の仕方をまったく顧慮せず、不作法と悪い養育を行っている。だが、それはまったく理性に反している。キリシタンらは、イエズス会の修院で侮辱され、不満をもって去り、異教徒らはキリシタンを嘲って、見も知らない野蛮人を師匠として上品な仏僧を捨てた当然の報いだ、というほどである、と。

大友宗麟もまた、自分は修院に行く度に侮辱をうけ、帰り際に、もはや決して修院に近づくまいと思って帰ることしばしばだった、と述べたという。しかしその都度、キリシタンとして死ぬべきだと思い直し、司祭らは最後に自分たちの頭が砕けた時にすべてを悟るだろうと自らに言い聞かせて我慢してきた。日本人を改宗させたければ、日本語を学び日本人の礼法を学ぶのが当然なのに、まるでたった四人の外国人が日本人全体にその習慣を捨てさせて、自分らの習慣を強制するような真似をしている、と。

日本人にとって異国の宗教を理解するのが難しかったには違いないが、宣教師にとっても異文化理解は決してたやすいことではなかったようである。まして命がけの戦争に直面した時、異国の宗教に帰依して死ぬことの困難さは言わずもがなであろう。

第五章　「天道」という思想

これまで四つの章にわたって戦国時代の日本人の信仰についてみてきたが、印象的なのは信仰のもつ役割の大きさである。戦争を事とせざるを得ない戦国大名は、戦争の度に神仏に祈り、家臣らも家中一体となって神仏に勝利を祈願した。本願寺門徒たちは本山の命により、死後の救済を願って戦場に向かった。そして多くの人々が、先祖や家族の死者の救済を願って、その供養に心を向けていた。

一方、戦国びとの信仰においては、日本の神々に由来する神祇信仰、外来の仏教に由来する仏への信仰との区別は問題とならなかった。神と仏とは一体のものと考えられ、神祇信仰と仏教信仰は融合していたし、同じ仏教の間でも、例えば比叡山延暦寺(天台宗)と真宗本願寺とは共存し、外来のキリスト教も仏教に類するものとして、受容された。

こうした信仰を考える際、神道、仏教、キリスト教等の宗派・教義による分類を前提としてもあまり意味はないだろう。またそれを日本人特有の「曖昧な」多神教とみたところで、彼らにとっての信仰の重さは説明できそうもない。むしろ宗派や教義を宗教の本質とみる現代人の常識をリセットし、戦国びとの信仰のかたちに寄り添ってみよう。

1　「天道」と諸信仰

イエズス会の注目する天道

最初に、これまでしばしば行ったように、外から日本人を観察するヨーロッパ人の見方を手がかりに、イエズス会が注目した「天道《てんとう》」の観念に注目したい。イエズス会が布教活動のために日本語を理解すべく蓄積した、厖大な研究の成果ともいうべき、一六〇三年刊行の『日葡辞《にっぽじ》書《しょ》』には、「天道」という見出しがあり、次のように記されている。

天道 Tentǒ：天の道、または(天の)秩序と摂理。以前は、この語で我々はデウスを呼ぶのが普通であった。けれども(その時にも)異教徒は(上記の)第一の意味以上に思い至っていたとは思われない。

日本人の「天道」の観念を、イエズス会がキリスト教の神デウスを表すのに使っていたという記述がひときわ注目される。事実イエズス会やキリシタンがデウスを「天道」と呼んでいた事例はいくつか存在する。

例えば五島《ごとう》で布教した宣教師アレクサンドル・ヴァラレッジオの物と考えられ、教義書の一つとして用いられたとされる『貴理師端往来《きりしたんおうらい》』（カサナテ文庫蔵）には、「みな天道を心に銘じ、日夜朝暮に教会へ参詣して、来世の救いを願うべき事。それは自らのためである」とある。

またキリシタン大名大村純忠が、天正四年（一五七六）に竜造寺氏に対して記した起請文は、自らの信仰に則り、日本の神仏ではなくデウスに誓って「誓約に背いたら天道のガラサ（恩寵）に洩れ、武運を失い、一族、子孫に至るまで罰をうける」と記されている。

いずれもデウスを「天道」と表現しているのである。この語は、イエズス会の宣教活動においてもデウスのこととされていたといえよう。ところでこの天道の観念は、当時の戦国大名はじめ、日本人には極めて一般的な観念であった。言い換えれば、日本人がキリスト教の神を理解し、共感することはそれほど困難ではなかったことが予想される。

天道の観念

天道の観念は戦国びとにとってなじみ深いものであり、様々な史料にこの語がみられるが、それがどのようなものかを秩序だてて説明したものはなく、どれも断片的である。そこで、戦国大名北条早雲の著したものとされる『早雲寺殿廿一箇条《そううんじどのにじゅういっかじょう》』の一節を手がかりにその特徴をいくつか拾いだすことにしたい。

拝みをする事、身の行ひ也、只心を直にやはらかに持ち、正直・憲法（公正）にして、上たるをば敬ひ、下たるをば憐み、有るをば有るとし、無きをば無きとし、有りのまゝなる心持、仏意・冥慮にも適ふと見えたり、たとひ祈らずとも、此心持あらば、神明の加護有之べし、祈るとも心曲がらば、天道に放され申さんと慎むべし。

神仏に対してどのような心掛けで臨めばよいかを述べたものであるが、「まず何よりも正直な心を保ち、目上の者は敬い目下の者には慈悲をもち、嘘偽りのない気持ちが仏や目にみえない天意に通じるのである。この気持ちがあれば、あえて祈禱をせずとも神の加護があるし、祈禱をしても内面の心意が邪まならば、天道に見放される」という。

天道について、ここでは以下の四点が注目される。

第一に天道に見放される、とあるように、人間の運命をいわさず決定する摂理とする点である。第二に仏意・冥慮に適う、神明の加護がある、など神仏と等値する点である。第三に目上を敬い目下を慈しめ、正直であれ、など世俗道徳の実践を促す点である。第四に祈禱など外面の行為よりも内面の倫理こそが天道に通じるとする点である。

この四点は天道の観念とともに表明されることが多い。第一の点について、例えば攻め落とされた城から脱出できた武将が「天道の御助けにより、にわかの大風雨が降ったのにまぎれて、脱出できた」と述べたり、「運を天道に任せて」出陣したり、「諸事天道任せである」と諦めたりするなど、天道を人間の運命を決定する摂理とみる表現は多い。第二についても「日本は神国だから正義や天道に違反してはならない」「「仏天」の加護もなく滅びたことは天道の報いである」との言葉などは天道を神仏同然にみたものといえよう。

第三の世俗道徳についても、第一章でみたように、上杉謙信が北条氏政を、起請文の誓約を守らず、弟の景虎や忠臣遠山父子を見捨て、父氏康の遺言に背いて関東公方足利藤氏を切腹させるなど、「天道や神慮や法律もわきまえない」と非難しているのはその典型である。第四についても、「自分の心が正しかったために天道が憐れんで運を開くことができた」「経典も読まず、外面的には不信心にみえても、心中に誠があれば、天道に適う」などの言説においては、内面道徳と天道の加護との関連が意識されている。

以上四つの天道の特徴は、神仏と同等とみる点で、戦国大名らの信仰に共通し、内面倫理を強調する点では唯一神と個人の内面との関係を重視するキリスト教に似ている。第三章でみたように、日本人の宗教上の習慣は、キリスト教を「悪魔が偽造」したものと考えた宣教師たちの報告が想起されよう。当時の日本人の信仰は個々の神仏それぞれを信じると同時に、神仏全体を包括する天道へも帰依するものであったとみることができる。

天道と日月の軌道

以上のような天道の存在を、日本人は太陽や月をはじめとする天体の運行に実感していたようである。例えば織田信長は、天正七年(一五七九)に伊賀国境で敗戦を喫した子息の信雄《のぶかつ》に対して、「お前の敗戦は、天道の罰であり、「日月」すなわち太陽も月も地に堕ちていない証拠である」と述べ、戦さに臨む心掛けの未熟さを叱責している。

また『信長公記』も有名な桶狭間の合戦における今川義元の敗死を、天道の報いであると述べる。すなわち義元に忠義を致して織田方から寝返った山口左馬助《さまのすけ》父子に恩賞も与えず、謀殺してしまったことをなじり、「末世といえども、日月は地に堕ちていない。四万五〇〇〇の大軍勢を率いながら、わずか二〇〇〇の信長軍に追い立てられ、逃げる途中で死ぬというあさま

図13　那智参詣曼荼羅(熊野那智大社所蔵)
上皇の参拝，補陀落渡海，滝の荒行など那智信仰の諸相と共に最上部の左右にそれぞれ太陽と月とを描く．

しい結果となった。因果・善悪の道理は歴然であり、天道は恐ろしい」と述べる。ここでも天道の摂理が健在であることとゆるぎない太陽と月の運行とが等値されている。

すでに鎌倉時代、日蓮は有名な『立正安国論《りっしょうあんこくろん》』を「天の日月は正しく運行し、木・火・土・金・水の五星の運行にも変調はない。仏・法・僧の三宝も健在なのに、世が衰え、仏法・王法が廃れているのはなぜか」という疑問から説き起していた。中世びとに

図14　伊勢参詣曼荼羅(神宮徴古館所蔵)
五十鈴川と宇治橋など内宮，また山田の町など外宮を描き，最上部の左右にそれぞれ太陽と月とを描く．

とって、太陽・月等天体の運行こそが、天道の摂理を実感しうるものだったことが窺われる。
　だから太陽や月そのものへの信仰も戦国期には根づいていた。第一章でみたように、毛利元就は「我々の習慣として、現世の願いは御日(太陽)にかけるもの」と述べて、合わせて念仏の功徳を説いていた。宣教師ルイス・フロイスの記すところでは、神仏への信仰篤かった大友宗麟の正室はキリスト教徒を憎んで「お

図 15-1　青面金剛像（深大寺所蔵）
青面金剛像を安置した厨子の扉双方にそれぞれ太陽，月を描いている．

お日月よ、なぜ御身らを神々と崇め、信奉しない者らすべてを殺し、苦しめ、破滅させないのですか」と祈りを捧げていたという。

先ほどみた『日葡辞書』の「天道」の項にはまず「天の道」とある。この「道 caminho」は「鉄道 caminho de ferro」「海路 caminho maritimo」などと同じく、道路、軌道の意味といえよう。つまり「天の道」とは天体の運行する軌道を指しており、「天の道」に対するこうした日本人の信仰に関してイエズス会士たちは「第一の意味以上に思い至っていたとは思われない」と評したのだと思われる。

この時代、那智《なち》大社《たいしゃ》、伊勢神宮をはじめ、人々が多く参詣することで有名な聖地のありさまを描いた、参詣曼荼羅《さんけいまんだら》が盛んに作製されたが、例えば那智大社（図13）や伊勢神宮（図14）のものは、上部の左右にそれぞれ太陽と月とを描いている。それぞれの下に雲を描いているのは「日月がいまだ地に堕ちていない」証拠なのだろう。

　こうした日月を描く参詣曼荼羅は、三十三所《さんじゅうさんしょ》観音霊場として有名な、施福《せふく》寺(大阪府)、清水《きよみず》寺(京都府)、善峰《よしみね》寺(京都府)、松尾《まつのお》寺(京都府)、長命《ちょうめい》寺(滋賀県)、成相《なりあい》寺(京都府)等にあり、また熊野社(和歌山県)、甚目《じもく》寺(愛知県)、八坂法観《やさかほうかん》寺塔(京都府)、須磨《すま》寺(兵庫県)、富《ふ》士《じ》浅間《あさま》神社(静岡県)、多賀《たが》社(滋賀県)など大衆の参詣する聖地でも描かれている。宗派を横断する日本人の、天道への信仰の一面を端的に示すものといえよう。

図 15-2　青面金剛像(栄寿斎筆，個人所蔵)
青面金剛像の両脇に右方童子，左方童子を配し，上部左右にはそれぞれ太陽と月とを描く．

　また公家の間で行われていた庚申《こうしん》信仰が室町時代に

は庶民の間でも流行するようになっていった。人間の中には三尸《さんし》という虫が棲み、干支が庚申の日の晩に人間が寝た後、三尸が天帝のもとに罪過を報告に行くのを防ぐために夜明かしをしなければならない、という言い伝えに基づくもので、仏教・神道・道教それぞれの要素をもつとされる。

人々は庚申講を組織して庚申の晩に集まり、宴会をし、連歌など遊興の一夜を過ごすのであるが、その際、庚申講の本尊とされるのが青面金剛《しょうめんこんごう》である。この青面金剛像はいくつか知られているが、図15-1、図15-2のように左右に太陽と月を描いたものが注目される。庚申信仰もまた天道の観念に彩られていたものと想像される。

天道と神仏

天道の観念は、古くはすでに『日本書紀』にみられる。天武天皇十二年(六八三)正月丙午《へいご》条に「天よりの徴《しるし》は、政治の筋道が天道に適う時には現れる」とあるのがそれであり、平安時代の『今昔物語』にも登場する。「天」という言葉から中国に由来するものとされているが、少なくとも鎌倉時代には日本人の自家薬籠中のものとなっていたと思われる。

『平家物語』には、平家軍との倶利伽羅《くりから》峠の戦いに臨む木曽義仲《きそよしなか》が、通りすがりに八幡社があったことを吉兆として喜び、「いやしくも武門の家に生まれた自分は平清盛の暴虐を見かねて、運を天道に任せ義兵を起こしたが、早くも三所和光《さんしょわこう》の社壇（日本の神の社）を拝むことができた」と述べて願文を捧げた。天道の加護は、日本の神々によりなされるものと考えられていたのである。

　鎌倉幕府の執権北条義時の討伐を宣言した後鳥羽上皇に対して、幕府が京都へ軍勢を派遣し勝利をおさめた有名な承久の乱に際して、幕府編纂の歴史書『吾妻鏡』は次のような逸話を記している。北条泰時らの率いる軍勢を派遣した後、北条義時の館に雷が落ち、使用人が死んだ。朝廷に弓を引いた罰か、とたじろく義時に対し、大江広元《おおえのひろもと》は次のように励ましたという。

「およそ君臣の運命は皆天地の決めることです。今度のことも是非は天道の決断に待つべきであり、恐れることはありません。かえって幕府にとっては吉兆ではないでしょうか。頼朝公が奥州の藤原泰衡《ふじわらのやすひら》を討伐した時には、幕府軍の陣に落雷があったではありませんか」。

　天道は幕府にとっても朝廷と戦う理論的な根拠となるものであった。室町・戦国時代となれば、天道は先にみたようにほぼ神仏と等値されている。謡曲の『東北《とうぼく》』では、和泉式部の亡霊が「和歌は天地を動かし、鬼神を感応させ、神仏の感応を得ることができるから、天道に適うもの」と述べている。この時代には天道は日本の神仏とほぼ一致していた。

諸宗派は同じ信仰

上記のようなすべての神仏を包括する天道の観念に対して、唯一阿弥陀如来に帰依することによってのみ、救いが得られると説く宗派が中世に存在したことが知られている。第二章で取り上げた真宗本願寺派はその代表的な一つであり、罪業深い凡夫の救済のために、万人を救済すべく願を立てて仏となった阿弥陀如来への帰依を説いている。それでは真宗では天道の観念と自らの信仰とをどのように関連づけていたのだろうか。

注目されるのは、本願寺派の戦国期の法主蓮如が、神祇信仰や他宗派の仏教信仰を斥けることを説く一方で、これらの信仰を攻撃することは堅く禁止していることである。蓮如は、信仰は自分自身の内面のことであり、自分が信じないという以上に他人の信仰の正邪を論じてはならない、とする。なぜかといえば、仏教の教義はいずれも功徳のあるものだからである。蓮如が教化のために著した「御文《おふみ》」の中には次のように記されている。およそ経典にみられる教えはすべて如来の金言であり、どれが浅くどれが深いということはない以上、自分の信心にこだわってはならない、と。

それではなぜ神祇信仰や他宗派の信仰を「雑行《ぞうぎょう》・雑修《ざっしゅ》」として否定するのか。一つには宗教的資質のない、愚かで浅はかな凡夫には、阿弥陀如来の教えに頼るしか救いの道がないからである。もう一つにはどのような信仰であれ、他の教えには心が向かないほど一心不乱に専心しなければ成就しないからである。「阿弥陀のみと世間を狭くするのではなく、他の一切の神仏にも共に帰依すれば鬼に金棒であるようにみえるが、これがかえってよくない。忠臣は二君に仕えず、貞女は二夫にまみえずというではないか。世間の道徳さえ専心なくして成就しないのに、ましで仏法の救いはなおさらである」というのである。

つまり他の信仰に目を向けず、阿弥陀如来のみに帰依するのは修行の方便なのである。こうした考え方は鎌倉時代にも見出される。『十六夜日記《いざよいにっき》』の作者阿仏尼《あぶつに》の作とされる『乳母の文《めのとのふみ》』（『庭の訓《にわのおしえ》』）には「仏法への縁は人それぞれとはいえ、「どの教えも同じこと」という理由であれこれに首を突っ込んでは、気が散って信仰へは入れない。必ず一つに定めてたじろぐことなく信仰しなくてはならない。一方「自分の信仰のみ正しくて、他の教えは碌なものではない」などと他人の信仰を攻撃してはならない」とある。「どの教えも同じ」功徳があるが、一つに思い定めなくては、信仰は成就しない、というのである。

だから蓮如は次のようにいう、「一切の神仏は衆生の救済を願っているのだから、阿弥陀仏に帰依して信心すれば、一切の神仏はそれを守護して下さるのであり、特に他の神仏を拝まずとも、阿弥陀仏への信仰の内に一切の神仏への信仰も込められているのだから、これらを拝んだのと同じことなのである」と。ここでは唯一阿弥陀如来に帰依する信仰と、一切の神仏への信仰とが両立しているといえよう。

信仰へのこうした見解は、第二章にみたような、諸宗派が共存している戦国時代の宗教のあり方とも通底するものである。室町時代の禅僧一休宗純のものと伝えられる『阿弥陀《あみだ》裸物語《はだかものがたり》』は、小笹少将為忠の問いに一休が答えるという問答形式のものである。その小笹少将の「諸宗派が同じならば、なぜ諸宗派の開祖は自分の宗派の優位を主張し、優劣を競うのか」との問いに、一休は「宗旨の優劣を競っているのではなく、信仰に達する方法の優劣を競っているにすぎない。どの宗派も目的は同じなのだ。各々異なる山道を選んでも同じ頂上に達して同じ月をみるのと同じことだ」と答えている。諸宗派は同一というのはこの時代、広く認められた考え方であったといえよう。

外面の道徳・内面の信心

諸宗派・諸信仰は同じだから他者の信仰を攻撃はしないという主張は、しばしば日本人の「寛容さ」として、キリスト教やイスラム教等の一神教と対比されることが多い。しかし一方、例えば上杉謙信の、武田信玄に天罰が降るはずだと祈り、北条氏政を天道に背くと断罪するような天道の摂理への信仰は、この「寛容さ」とどう関わるのだろうか。

中世の日本人は、自らの信仰は個々の内面の問題で、他者へ表明するものではないと考えていたようである。それを窺わせるものの一つは、外面の行動では天道の正義や世俗の道徳、特に仁（慈悲）・義（正義）・礼（規範）・智（知恵）・信（信義）の、いわゆる五常と呼ばれる儒教道徳を守り、内面では深く神仏に帰依する、との行動規範である。

例えば、南北朝期に南朝方として活躍した武士として著名な肥後国菊池氏である。彼らは曹洞宗僧大智《だいち》に帰依し、大智を氏寺に迎えて団結をはかった信仰深い一族としても知られるが、彼ら一族の中に「外には五常・天道の正理を行い、内には解脱生死《げだつしょうじ》の一大事（仏教の信仰）を守る」との起請文を捧げている者のいることが注目される。

先ほど登場した蓮如も、親鸞の言葉として「世俗の行動においては仁・義・礼・智・信と支配者の法を遵守し、内心には深く信心を蓄えよ」との教えを門徒に伝えている。同じ頃活躍した曹洞宗の僧松堂高盛《しょうどうこうせい》は、一五世紀末の明応の大地震（一四九八年）の際に人々に次のように説法している。地震・暴風雨は何よりも貪欲・不道徳・不忠・不孝など人心の荒廃がもたらしたものであるから、いたずらに神頼みをしてはならない、僧侶はいよいよ修行に励み戒律を守り、俗人は内心で仏法を信じ、外面は五常を実践せよ、と。

さらに江戸時代初期に幕府が発令した有名な禁教令（「伴天連追放の文」）にも、幕府は天の命によって日本を何年も統治してきたが、その間外面では五常の徳を実践し、内面では仏教に帰依してきたがゆえに、国家は繁栄し、民衆は安穏だったと述べたくだりがある。

時と場面は様々であるが、酷似した言説が述べられていることから、こうした行動様式が中世の日本人になじみ深い、一般的なものであったことが窺える。なぜ信仰は他者に向けて表明されず内面に限定されるのか。当時の日本人には、天道すなわち神仏の摂理は人間の理解を超えたものとする観念があったのではないか。「ただ一切の事は天道任せである」「万事を神慮に任せる。一切は天道次第である」のような言説から、天道の摂理は人間には最後まで完全には理解しえないとの認識が窺える。

この観念が、自らの信仰を他者に強要すべきではないとする考え方の背景であり、また、例えばヨーロッパのキリスト教における異端狩りのような発想が、江戸幕府によるキリスト教と日蓮宗不受不施派《ふじゅふせは》（法華宗僧は他宗の信者から供養をうけてはならず、法華宗信者は他宗の僧を供養してはならない、とする日蓮以来の信条を遵守した結果、江戸幕府より禁止された日蓮宗の一派）の組織的禁圧が行われる以前の日本では発達しなかった要因ではないか。天道は厳然として存在するものの、人間には知悉しえない以上その摂理の代行はできないからであり、だからこそ他の信仰の排除は非とされなければならないのである。そう考えると、江戸幕府が排除した宗派が、いずれも他の宗旨の否定・断罪を旨としていたことは象徴的ですらある。

2　統一政権の宗教政策

天下人の宗教政策

中世の寺社はアジール（避難所）としての性格をもっていた。なんらかの不法を犯したとの理由で制裁をうけることになった人々は救済を求め寺社に駆け込んだ。主人のもとを逃亡した下人、犯罪者として当局の追及をうける者、戦さに敗れ残党狩りに曝された武士、夫との離婚を望む妻らの駆け込みがそれである。戦国大名の時代には、一部の高い地位をもつ寺社を除き、こうした特権は規制されるようになり、統一政権登場後は廃止されていく方向に向かったと一般にいわれている。

合わせて織田信長は、中世的な宗教的権威とされた比叡山を焼き討ちし、一向一揆を「壊滅」させ、安土の城下町にある浄厳院《じょうごんいん》において行われた安土宗論《あづちしゅうろん》（後述）で、京都住民の自治と密接に関わっていた法華宗を弾圧したとされる。その後継者として登場した豊臣秀吉は、大坂天満《てんま》にあった本願寺の寺内町で行われていた自治を解体し、伴天連追放令を発令してキリシタンの取締りを開始したとされる。いずれも世俗的権力をもって宗教勢力が有していた特権を剝奪し、宗教勢力に対する統制を強めたとされているのである。かくして宗教勢力の衰退と世俗権力による宗教統制は近世社会の特徴とされている。

しかし近年の研究によって、近世にも寺院は罪人として追及される者を保護し、僧侶は罪人の救済訴訟を行っていたことが明らかにされており、前述のように信長に関する見方にも異論が出ている。そもそも比叡山焼き討ちは、信長に敵対する朝倉・浅井の両大名に延暦寺衆徒が味方したことへの報復であった。延暦寺衆徒の不法行為に対しては室町将軍足利義教《よしのり》も比叡山を攻撃して制裁を加えているから、焼き討ちを中世的権威の解体とみることはできない。一向一揆の「壊滅」も、第二章で明らかにしたように実態から離れた見方である。第一章でみた信長の信仰を考慮すれば、宗教を厳しく一方的に規制したとの見方は一考を要するだろう。信長は自ら神になって自らを崇めさせたというイエズス会宣教師の証言もあるが、この点は日本側の史料からはまったく確認できず、今後の検討が待たれるものである。

そこで本節では織田信長、豊臣秀吉両者の宗教政策の中から信長の安土宗論、秀吉の本願寺寺内町の自治に対する対応の実態をみてみたい。そして続く第三節で秀吉の伴天連追放令についても、実態を調べてみることにする。

安土宗論にみる信長の意図

天正七年(一五七九)に安土城下にある浄厳院において、浄土宗僧と法華宗僧との宗論が行われた。宗論とは宗派の教義の優劣を、守護大名、幕府管領等をはじめとするしかるべき大名の判定のもとに争い、勝敗を決定する一種の訴訟であり、中世には「問答」とも呼ばれた。この場合、最終判定を下すのはもちろん織田信長であるが、宗旨に関わる論争であるために、信長から委嘱された僧侶らがその面前で審査員の役を務めた。

事の起こりは天正七年五月頃、安土で法談をしていた浄土宗僧霊誉玉念に、法華宗信徒らが論争を挑んだことである。これに対して玉念は、お前たちとは論争しない、お前たちの帰依する僧を連れてくるがよい、と回答したところから、京都の法華宗僧らと玉念ら浄土宗僧との間で宗論が行われることになった。宗論は五月二七日に行われ、法華宗の方が敗れたため、法華宗側は、敗北したにもかかわらず宗派の存続を許されたことを信長に感謝し、以後二度と他宗派に論争をしかけないと誓約することで決着したものである。

信長が委嘱した判定者の一人因果居士《いんがこじ》の記録があり、それには信長の命をうけて浄土宗側に有利に計らい、法華宗側が負けるように誘導したことが記されている。判定結果は信長の意向により仕組まれていたとみざるを得ない。宗論当事者の法華宗僧の一人が記した『安土問答実録《あづちもんどうじつろく》』でも、論争の途中で、いきなり負けが判定され、浄土宗僧や周囲の群衆が法華宗僧の袈裟《けさ》を剝ぎとったとされ、段取りが仕組まれていたかのような印象をうける。加えて信長が子息信忠《のぶただ》に宛てた書状に、安土宗論では「あの碌でなしどもが負けた」と書かれており、信長は法華宗に悪感情をもっていたことも窺われる。こうした点からは、安土宗論が法華宗の弾圧のために仕組まれたとすることも、根拠があるかにみえる。

しかし一方、浄土宗・法華宗双方から宗論を催すよう訴えがあった時、信長が両者の和解を斡旋していることも見逃せない。『信長公記』は、信長が仲介するので和解するのが妥当であろうと提案したと記しているし、先に触れた『安土問答実録』では、信長が「宗論をしたいのなら、もし負けた場合には京都と信長分国にある法華宗の寺院はすべて破壊されても構わないとの一札を入れてからにせよ。それはあまりにも苛酷な条件だというなら、このまま帰るがよい」と述べたと記されている。いずれにしても信長が宗論をやめるよう斡旋したことが知られ、そうなると弾圧のために仕組まれたという説は再考の余地があろう。

また負けと判定された法華宗僧に対して信長が要求したことは、第一に浄厳院での宗論の負けを認めること、第二に今後他宗に対し一切教義上の攻撃をしないこと、第三に法華宗が存続し得たことを信長に感謝することの三点を誓約することであった。このうち、実質的な内容をもつのは二番目のみである。とすると、信長が法華宗に要求したのは、一切の他宗派への批判・攻撃を禁じることであり、それ以外の活動の制約を含むものではない。そしてこの点は、次にみるように、この時代の趨勢ともいうべきものであり、法華宗の中にすらみられる動向であった。そこで次に信長の意図とその時代的背景を考えてみたい。

武闘としての宗論

宗論という宗派同士の論争は、中世では様々な宗派の間で行われていたが、特に著名なのは法華宗である。法華経のみが正しい教えとし(「法華《ほっけ》択一《たくいつ》」)、これ以外の他の宗派は誤り(「是《ぜ》一非《いっぴ》諸《しょ》」)との立場から他宗派を折伏《しゃくぶく》しつつ伝道を行った教祖日蓮をはじめ、法華宗の教線拡大にはしばしば宗論が利用されていた。

ところが戦国時代にはいささか状況が変わってくる。まず各地の戦国大名が制定した分国法では宗論を規制する法がみられるようになる。例えば今川氏親《うじちか》(義元の父)の制定した『今川仮名目録』には、「領内において諸宗派の宗論は禁止する」と規定されている。また武田信玄の定めた『甲州法度之次第《こうしゅうはっとのしだい》』では「浄土宗と日蓮宗との宗論は、武田氏の領内においては禁止する。もしこれを催す者があれば、僧侶も檀家も処罰する」と規定されている。戦国大名の領国において、宗論が取締りの対象とされるようになった。

宗論は、もちろん教義上の論争であり、裁定者によって勝敗が定められる訴訟ではあるが、勝った側は負けた側の僧侶から、その袈裟を剝ぎとるという実力行使がなされるのが普通であった。先ほどみた安土宗論でも、負けた法華宗の僧侶らは衆人から袈裟を剝ぎとられて暴行をうけた。同様のことは比叡山延暦寺の衆徒と六角氏等が、京都の法華宗寺院を焼き討ちにしたことで知られる天文法華の乱の、きっかけとなった宗論にもみられる。京都で山門延暦寺の僧侶華王房が法華宗徒との論争に敗れ、袈裟を剝ぎとられたことへの鬱憤から、山門による京都の法華宗への攻撃が生じたとされている。勝者側が敗者側の袈裟を剝ぎとることは多くの史料にみられ、宗論の常套手段だったといえる。

宗論の規制

つまり宗論は、立会人のいる場での、一種の決闘の性格をもっていた。中世ではあらゆる争いに関して当事者同士が武闘により結着をつける、「自力救済」が普通のことであったが、戦国大名の時代にはこうした自力救済行為が禁止され、取締られるようになる。いわゆる喧嘩両成敗の法も、こうした自力救済の禁止を標榜して定められたものである。そうなると決闘の性格をもつ宗論も取締りの対象となるのは見やすい道理といえよう。安土宗論の少し前の天正三年(一五七五)、京都の法華宗諸本山一五ヶ寺は、「僧侶といい檀家といい、粗忽に宗論をしかけてはならない。どうしても必要な時には届け出たうえで宗論せよ」と定めている。法華宗内においてすら規制の対象となりつつあった。

こうしてみると織田信長の意図は明らかであろう。安土宗論を仕組んだ意図は、法華宗の宗論をやめさせることにあったと考えられる。これに加え前節でみたように、この時代には諸宗派は本質的に同一であり、共存すべきものとの考え方が支配的となっていた。こうした時代には、教義の優劣を決闘によって争う宗論が、時代に合わないものと考えられるようになったことは十分考えられる。

先ほど触れた『安土問答実録』には、負けた法華宗僧に対して語った信長自身の言葉が記されている。「お前たちの宗旨を褒める者は一人もいない。なぜ悪くいうのかといえば、他人を攻撃するからだ。自分の宗旨を褒めている分には、悪くいうような者はいるはずがないのに、他人の信仰を攻撃するから、他人が憎むのだ。なぜ他人を攻撃するかといえば、お前たちが欲深かだから、それで他の宗旨を批判するのであろう」と。信長が法華宗の宗論に訴える方法をよくは思っていなかったこと、他宗派を攻撃することをよいとは思っていなかったことを明示するものといえよう。

大坂天満の牢人隠匿事件

天正一七年(一五八九)二月、豊臣秀吉から勘当をうけていた斯波《しば》謙入《けんゆう》・細川昭元《あきもと》・尾藤《びとう》知宣らが本願寺の天満の寺内町に匿われ、隠れていたことが発覚した。激怒した秀吉は本願寺法主顕如に相当の処置を命ずると共に、腹心の家臣石田三成・増田《ました》長盛《ながもり》を本願寺に派遣した。天満の寺内は、大坂を追われて紀伊国に退去していた本願寺を、秀吉がわざわざ自らの本拠地大坂城の近くに呼び寄せ、以前の大坂での寺地よりも広大な敷地を与えて建立させたものである。これだけの厚遇をうけてきた本願寺の寺内町に勘当人が匿われているとは、本願寺が謀反を企んでいるともみえかねない出来事であった。

顕如はこれに対して迅速に対応した。尾藤道休(知宣の同名衆《どうみょうしゅう》と思われる)を処刑させてその首を石田・増田両人に引き渡した。その後、斯波謙入・尾藤道休の家とその家のあった町屋が破却・焼却され、関係者が逮捕され、さらに謙入の姻戚であった本願寺一族願得寺《がんとくじ》顕悟《けんご》は自害させられた。道休・顕悟らの遺骸とその妻子、捕縛された町人六三人が京都に送られ、礫刑に処せられた。

三月に寺内町では、顕如と嫡子の教如ら本願寺一族、下間《しもつま》氏はじめ本願寺の家臣、さらに寺内に居住する町人らが起請文を書き、本来寺内がことごとく成敗されるような事件に今回の寛大な処置がなされたことを感謝し、今後勘当人や犯罪者を匿った場合には成敗をうけるべきことを誓約した。そのうえ秀吉は、石田・増田の両人を通じて本願寺家老の下間頼廉《らいれん》・下間仲康(仲孝《なかたか》)二名を寺内の町奉行に任命し、秀吉の定めた寺内掟を交付した。

自治の存続

以上が事件の顚末であるが、この事件によって牢人が潜伏できるほどの治外法権を有していた本願寺の寺内町も、秀吉の手で奉行が任命され、法を制定されるようになり、アジールともいうべき治外法権は消滅したと考えられてきた。しかしその後四月一日に、秀吉の町奉行に任ぜられた下間頼廉の邸宅に本願寺家臣らが集まり、自ら寺内掟を定めている。その内容は三月に秀吉の定めた掟が反映されてはいるが、そのままの条文ではない。このように本願寺家臣の手で寺内町の法令を定めることができた点は見逃せないのではないか。

千葉乗隆氏によると、近世に本願寺の領主権は弱体化したものの、ある程度の支配権が認められており、町奉行が本願寺により任命され、町役所の役人と共に行政にあたっていたという。先の事件の際に引き渡され京都で処刑された住民らは、籤引《くじびき》によって不運にも選ばれた者らであったという。石田・増田による捜査で摘発されたのではなく、町人組織の手で、いわば詫びを入れるための人身御供に差し出されたと考えられる。とするとこの摘発も、寺内町側が保持していた検断権（警察・裁判権）に基づいていたことになろう（図16）。

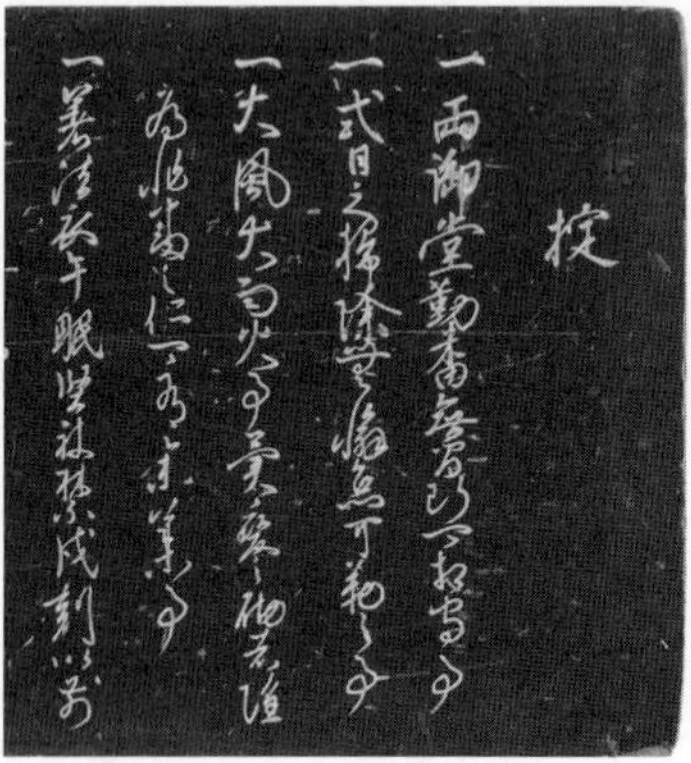
掟

書館所蔵）
は自治により法が定められていた.

さらに事件の九ヶ月後、大坂で博奕《ばくち》打《うち》の摘発が行われたが、その際、天満の寺内町に逃げ込んだ者も摘発するよう、法主顕如に対して秀吉から申し入れがあり、寺内町住民はそのため尽力した。ここでも寺内町における犯罪者の摘発が法主の命令でなされるものと、秀吉が判断しており、石田・増田が定めた町奉行の下間頼廉・下間仲康が直接命令をうけて

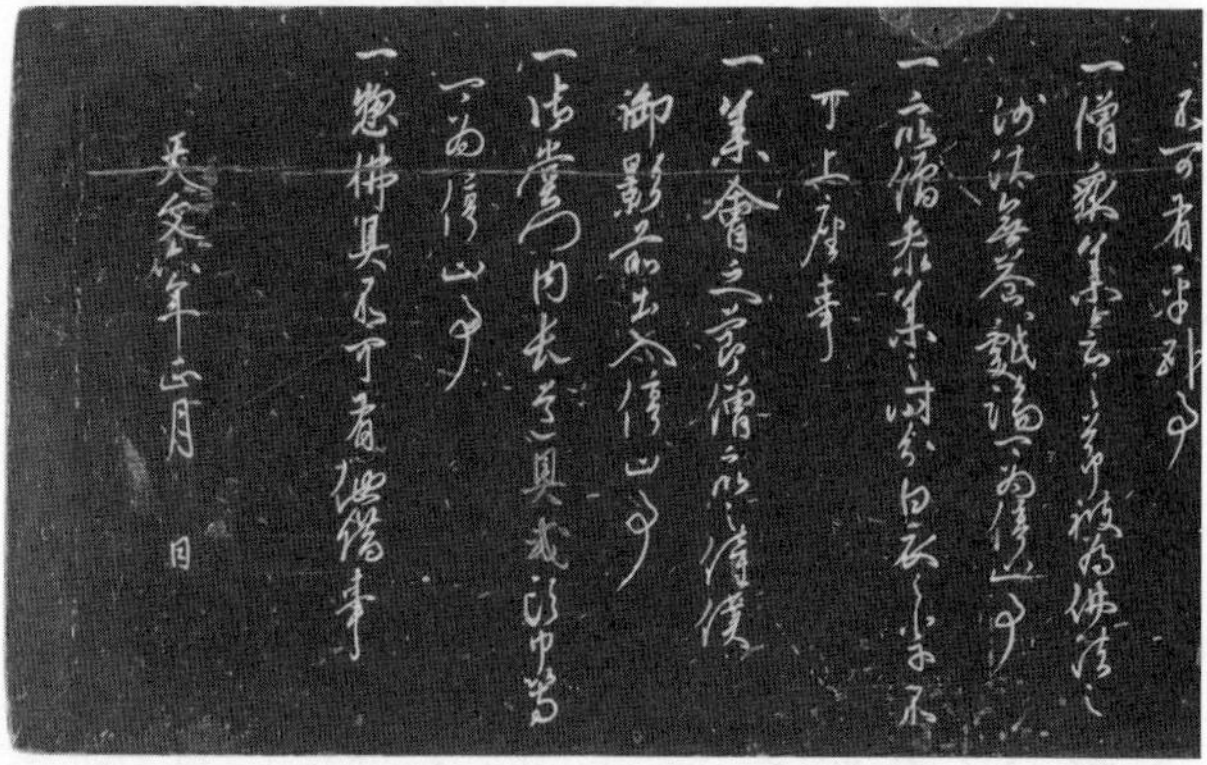

図 16　大坂本願寺御堂制札（龍谷大学図
天文 6 年の，御堂で遵守すべき事柄を記した制札．戦国期の寺内で

はいないことに注意したい。秀吉に本願寺や寺内町住民をその権力下に置く力があったのは明白であるが、それでも本願寺と寺内町の警察権は承認されていたのである。

仏法の領域

統一政権の登場と共に衰退に向かうとみられていた寺院のアジール的性格は、実は江戸時代を通じて健在であったことが佐藤孝之氏の研究で明らかにされている。この点と関わって注目されるのは江戸時代の国学者山岡浚明《やまおかまつあけ》の著した『類聚名物考《るいじゅめいぶつこう》』という類書《るいしょ》（一種の百科事典）の記述である。そこには「寺《てら》入《いり》」という項目、すなわち寺院への駆け込みが説明されており、中世には高野山などで行われた駆け込みが形をかえて「現在も菩提寺の住持が檀家の赦免を申請する形で続いている」と記されている。

中世以来行われていた僧侶の、処刑者に対する命乞いもまた健在であった。氏家幹人氏が明らかにしているように、処刑場に僧侶が入り、処刑されるべき受刑者に太刀が振り下ろされる寸前に袈裟を懸けてその命乞いをする、という行為も近世にはしばしば行われ、近松門左衛門の戯曲『大経師昔暦《だいきょうじむかしごよみ》』にも登場する。その他百姓による強訴事件の首謀者の助命を僧侶が歎願したことが児玉幸多氏により明らかにされている。

元和《げんな》九年(一六二三)、江戸を中心に行われた大規模なキリシタンの摘発においては、武蔵国足立郡芝郷《しばごう》長徳寺の住持龍派禅珠《りゅうはぜんじゅ》が、これに巻き込まれた檀家の娘を、彼女が連行された獄舎の役人と掛け合い、取り戻した。また寛永《かんえい》一三年(一六三六)、越中国八尾《やつお》聞名寺《もんみょうじ》の檀徒らは、キリシタンの嫌疑をうけ当局に抑留されたことに対し、檀那寺聞名寺の手で解放するよう計ってほしい、と申請している。通常はキリシタンの摘発のために機能したとされる檀家制度が、ここでは寺院の力で、キリシタンであるとの嫌疑から檀家を守るものとして機能しているのである。檀家制度の一面として留意すべきものといえよう。

本願寺家臣下間少弐法橋《しもつましょうにほっきょう》が、加賀藩内の本願寺末寺が本山に背いていることを譴責するために加賀に下向することになった際、本山からの通知に藩主前田利家は次のように回答している。

「我々には仏法に関することの裁定はできないので、何事も少弐法橋の判断に任せる。その際、少弐法橋に従わない者がいたら我々が処断するであろう」と。藩主の介入しない「仏法の領域」は、少なくともこの時点では健在であった。

このようにみてくると、統一政権の登場によって、積極的になされるようになったとされる宗教の領域への俗的権力の介入も、その内実は必ずしも一方的なものとはいえないようである。言い換えれば宗教の領域の自律性が依然健在であった場面もあるのではないか。そこで、宗教の領域への最も大きな介入とされてきたキリシタンの取締りについて、次の節でみてみたい。豊臣秀吉の伴天連追放令である。

3 秀吉の伴天連追放令

連日の二法令

豊臣秀吉が、キリスト教に警戒の目を向けた結果、発令されたとされる伴天連追放令は、薩摩国島津氏討伐のために出陣し、島津氏を服属させ帰国する途中の博多で、天正一五年(一五八七)六月に交付された。一八日の「覚《おぼえ》」と題する一一ケ条の文書と、翌一九日のいわゆる

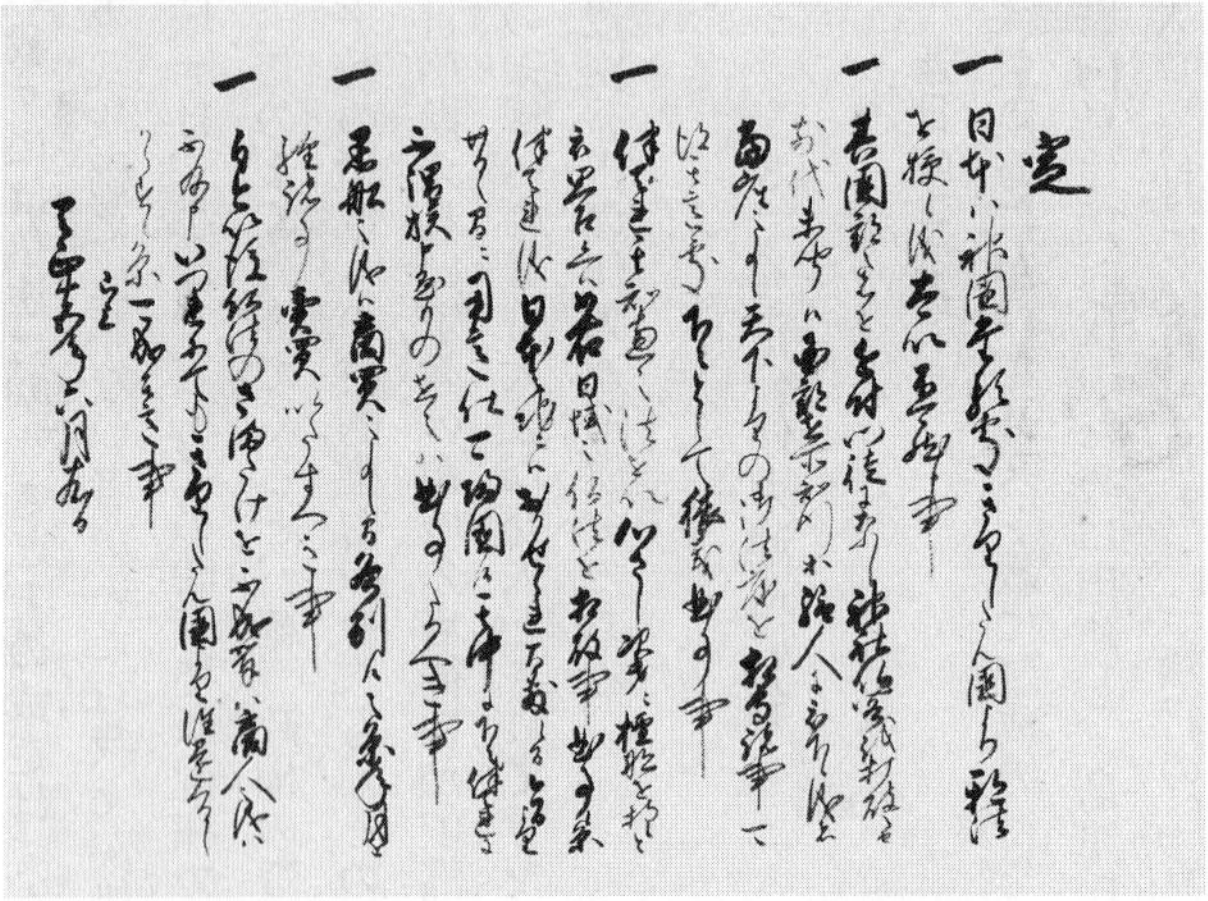

図17　伴天連追放令(松浦史料博物館所蔵)
第1条に「日本は神国」であり，「キリシタン国」より「邪法」を広めることを非難している．

「伴天連追放令」として著名な五ヶ条の文書(図17)とがその内容を示すものである。

一八日の「覚」は、まず一般的にキリスト教を信じるか否かは個人の自由であること、ただし信仰の強制は不法であること、また一定規模以上の領土をもつ大大名に関しては入信にあたり秀吉の許可が必要なことを規定している。次に本願寺門徒が寺内町の治外法権を楯に年貢を滞納し、加賀の大名富樫氏を追い出し、織田信長の時代に越前国を占領したことをなじった上で、大名が家臣や領民にキリスト教信仰を強制するのは、その本願寺門徒の行為よりもさらに不当であり、今後制裁を加えると宣言している。また、日本人が海外へ人身売買されていること、及び牛・馬を食するポルトガル人らの風習を不当と断じている。

これに対して一九日の追放令は、第一に日本は神国であり「キリシタン国」から邪法を布教するのは不法であるとし、第二に領国の中でキリスト教信徒らに、神社・仏閣を破壊させるのは「天下」の法に違反するとし、第三に宣教師たちが信徒を自発的に帰依させるのではなく、仏教を破壊しているのは不法であるとし、その追放を宣言している。そのうえでポルトガル船の来航は商売であり布教とは別問題なので許可するとし、「キリシタン国」からの渡航者でも仏法を攻撃しなければ来航は自由であると宣言している。

直ちに疑問となるのは、一八日の「覚」ではキリスト教信仰を容認しているのに、一九日の追放令では邪法であると述べ、一八〇度方針を転換したかにみえることである。これ以前には、イエズス会宣教師自身が明快に証言しているようにイエズス会に破格の優遇措置を与えていたのに、急激に方針転換したとすれば、何よりその理由が問題となろう。さらには人身売買や牛・馬食の習慣への言及も宣教師と結びつくのはなぜか、これも説明の欲しいところである。

秀吉が「一向宗」へ言及している点に注目し、宗教を紐帯として蜂起した本願寺門徒を念頭にキリシタンの結束を警戒した結果、追放令を発令したとする見解もある。しかし本願寺門徒は豊臣政権下でむしろ優遇されていたことは前節でもみたとおりであり、直ちにキリシタンへの警戒の表明とみることは躊躇される。また追放令で対象とされているのはあくまで宣教師であり、キリシタン全般やその信仰ではないことに注意したい。

「覚」発令の経緯

この「覚」がなぜ発令されたかを解明したのは岩沢愿彦氏である。氏は伊勢神宮が豊臣秀吉にイエズス会を訴えた結果、「覚」が出されたことを指摘した。神宮文庫に所蔵される「天正拾年同拾五年引付」には「伴天連御成敗」のことに関して関白豊臣秀吉の六月一八日付朱印状が出されたことが記され、これは神慮のなせるわざであり、これこそ世界の平和と繁栄との基礎となるものである、と述べられている。この点から伊勢神宮が秀吉に「伴天連」すなわち宣教師の成敗を訴えた結果として「覚」が出されたことが判明する。

伊勢神宮とイエズス会との間に摩擦があったことはいくつかの点から窺える。

まず、イエズス会宣教師ルイス・フロイスが、大坂でイエズス会の説教を聴いて洗礼をうけた蒲生氏郷《がもううじさと》が伊勢半国の大名に任じられたことを喜び、「天照大神の寺院」(伊勢神宮)のある領土をキリシタンとなった氏郷が領知すれば、「主が彼に天照大神を破壊する力と恩寵を与えるであろう」との期待を表明していることがあげられる。少なくともイエズス会の側からは伊勢神宮は破壊すべき対象と考えられていたことがわかる。

第二に、キリシタン大名の領国であった肥前国大村領と有馬領でいずれも伊勢信仰が盛んであったことである。伊勢御師《おんし》(伊勢神宮への参詣を望む檀那を導き、宿泊・祈禱の世話をする者)の宮《みや》後三頭《じりさんず》大夫《だゆう》の残した記録では、大村純忠とその正室、及び家中が永禄四年(一五六一)、同一〇年、同一一年に、伊勢御師と交流をもっていたことがわかる。純忠が受洗したのは永禄六年であるから、受洗後も純忠自身伊勢信仰をもち、その家中でも伊勢信仰が存在していたことが窺われる。確かに天正二年(一五七四)に大村領では大規模な「異教徒」迫害があり、神仏への信仰に対する迫害が行われたが、その後も依然民衆は「異教徒」だったとの証言もあり、根強い伊勢信仰の存在が想像される。

宮後三頭大夫の記録によると、有馬家中でも、有馬晴純、また次代の義貞とその家中がこの伊勢御師と音信を交わしており、有馬領でも伊勢信仰が盛んだったと考えられる。さらに有馬晴信が、いわゆる岡本大八事件によって、幕府から処断され、刑死した翌年の慶長《けいちょう》一八年(一六一三)には、有馬家中の百数十名が伊勢御師から祓《はら》いをうけている。キリシタン大名晴信の時代にも有馬家中に伊勢信仰が潜在していたことが窺えよう。

このようにみれば、キリシタン教団の核となるような大名領国で、キリシタン信仰と伊勢信仰とが競合していたことが想定でき、イエズス会が伊勢信仰を破壊の対象としていたことも納得できるのではないか。要するに一貫してイエズス会を優遇していた豊臣秀吉に「覚」を出させたのは、伊勢神宮からの訴えであった。

秀吉の詰問とコエリョの反論

そこで次に「覚」を発令した豊臣秀吉は、なぜ伴天連追放令を発するに至ったのか、その経緯を、一五八七年一〇月二日付ルイス・フロイス書翰によってみていきたい。発令後にその経緯を記したこの書翰は、フロイスが後に著した『日本史』と重複する部分も多いが、『日本史』では改変されている点もあるので、最初に書かれた書翰を主にみていくことにする。

この書翰によると、秀吉は追放令発令の前日、つまり「覚」の出された日に、日本のイエズス会を統括する副管区長であったガスパル・コエリョに対して、以下の三ヶ条について詰問してきたという。

第一は、イエズス会はなぜ日本人にキリシタン信仰を強制するのか、なぜ日本の僧侶と協調できないのか、である。今後九州に活動範囲を限定し、日本の僧侶の行う通常の手段による布教以外は許さない、それが不満なら帰国せよ、帰国の船賃は秀吉が出してもよい、と述べている。

第二に宣教師らは、運送・戦争に使用される馬、農耕に使用される牛を食するというが、それは日本人の財産を損なうことである、もし肉食をしたいのなら、鹿や野生の豚など食肉用の獣類を提供する用意があるが、それを受け入れないのなら、日本に滞在してもらいたくない、と勧告している。

第三にポルトガル人はじめ、東南アジアからの渡来者が日本人を大量に買い取り、故国やその親族・友人との絆を奪い奴隷として売買していることを咎め、売却された日本人が故国に戻れるよう尽力せよ、もし全員が無理なら現在日本から買い取った者たちを解放せよ、そのための身代金を秀吉が出す用意がある、と提案している。

これに対してコエリョは逐一反論した。第一に信仰を強制した覚えはないこと、神社・仏閣を破壊したのは信仰を得た日本人の自発的な行為であると主張した。第二に馬を食する習慣はなく、食したこともないこと、牛を食したことはあるが、好ましくないということならしないで済ます用意があると回答した。さらに第三に日本人の人身売買に関しては、むしろこちらから禁止を願いたい事柄であり、主に港を管轄する日本人領主が容認していることの方が問題であると回答した。

追放令の発令へ

これをうけて翌日、秀吉から使者が派遣された。第一の使者が、宣教師らはなぜ神社・仏閣を破壊し、仏像を焼くという、日本の神仏に対する破壊行為を行うのか、を尋ねた。これに対しコエリョは、神社・仏閣の破壊を煽動した覚えはなく、日本人キリシタンの自発的行為であると繰り返した。その次に派遣された使者が、いわゆる伴天連追放令を伝達し、その正本をポルトガル国王の権限を付与されたカピタン・モールの地位にあるドミンゴス・モンテイロに渡した。その執行をポルトガル人たちの手に委ねたわけである。

以上がフロイスの記す追放令の経緯である。まず三つの詰問のいずれもが、「覚」に登場する事柄であることが注目される。信仰の強制を不法とすること、牛馬食・人身売買を不法とすることはいずれも「覚」の中にある事柄である。ちなみに『日本史』も、秀吉がこの三つの事柄についてイエズス会をなじり、かつ「一向宗」よりもイエズス会の方が危険であると述べた上で追放令を発令したと記している。

すなわち「覚」は追放令の出発点とみるのが自然であり、「覚」から追放令へと一八〇度の転換をしたとみることは難しい。キリシタン信仰の容認にのみ注目すれば、あるいはそうした見方もありえようが、追放令は前述のとおり、あくまで宣教師の追放に限定されており、キリシタン信仰に触れていないのだから、やはり「覚」と追放令は一連のものとみられる。

さらに追放令がポルトガル国王の権限の代行を任されたカピタン・モールに手交された点からみて、追放令の対象は宣教師のみであり、国内の一般のキリシタンに関わるものではなかったと考えられる。棄教を拒否した結果大名の地位を失った高山右近もまた、この段階では国外追放の対象になっていない。やはり、追放令の対象は宣教師のみだったといえよう。

神仏への攻撃に対する制裁

ガスパル・コエリョは、宣教師は神社・仏閣を破壊するように煽動したことはない、人身売買には反対の立場であることを強調したが、この回答が事実から離れたものであったことは高瀬弘一郎氏により明らかにされている。宣教師らはキリシタンを煽動して寺社を破壊させたし、自ら仏像を焼却し、人身売買にも関与していた。

ルイス・フロイスの『日本史』によれば、キリスト教徒の間で行われる復活祭の前の四旬節（四〇日間の悔悛の時期）に、どのように罪を償えばよいかを質問した日本人キリシタンに対し、司祭は通りすがりの寺院を焼くよう指示し、キリシタンはそれを実行したという。また同じく

『日本史』には有馬領内から追放された僧侶らが、加津佐(かづさ)の海岸近くの島(現在、岩戸山と呼ばれる)にある岩殿観音に仏像を隠していたのを、ガスパル・コエリョらが探索してすべて焼き払ったことが記されている。

また前章でみたようにイエズス会宣教師は、ゴアのインド副王に進物を贈る必要に際して、日本の少年少女を贈物にしようとし、有馬晴信にその調達を要請し、晴信はこれをうけて、家臣らから少年たちを取り上げた。宣教師らによって日本人の「少年少女」は進物とみなされる場合もあったのである。

すなわち豊臣秀吉の詰問はおおむね事実をふまえたものであり、コエリョが事実を認めなかったと思われる。こうした誠意を欠いた回答に対する制裁が伴天連追放令であったと考えることができよう。伴天連追放令は「キリシタン国より邪法」を布教するのは不法であると述べているが、具体的に非難されているのはキリスト教そのものではない。前述のように、領内キリシタンの手で神社・仏閣を破壊させること、自発的な帰依ではなく、仏教の破壊により信徒を得ることが非難されているのである。要するに日本の神仏への信仰を破壊するイエズス会の行為に対する処罰として、宣教師の追放を宣言しているといえよう。

妥協案の提示と追放免除

秀吉の三ヶ条の詰問を改めてみてみると、詰問と同時に妥協案を提示している点が注目される。第一の宣教師による信仰強制は、このことを非難する一方、九州地域に活動を限定し、日本の僧侶と協調することを提案しており、これを拒否するなら退去を命じるとしながら、旅費の負担を申し出ている。第二の牛馬食についても、禁止と同時に代替食を提案しており、第三の人身売買についても、非難すると同時に、身代金の負担を提案している。すなわちコエリョが提案に応じた場合には事を収めて共存する道を、少なくとも秀吉の主観においては提示したとみることができる。処罰の宣言に至ったのは、いわば事の成り行きである。

よく知られているように、追放令は宣教師側の歎願によって実行されなかった。宣教師が公然と宣教することはできなくなったにもかかわらず、発令後もキリシタンの活動は盛んであった。追放令の発令に際して、豊臣秀吉は小西行長を通じて有馬晴信に棄教を勧告し、晴信は「殿下の御意のままに」と回答したが、有馬領内では秀吉の勧告に屈した「罪」に対して公の場で償いが行われ、その言葉を撤回する告解がなされ、デウスへの信仰は盛んであったとルイス・フロイスは記している。それればかりか、有馬領内の三会《みえ》村では五人の僧侶が洗礼をうけた際、そのうちの一人はキリスト教に改宗した証として、自ら保持していた仏像を火にくべた、と『日本史』には記されている。

秀吉と信仰の「自由」

それでも追放令が宣教師の活動の自由を制限したことは間違いない。結果としてとはいえ、キリスト教に対する弾圧となったのではないか、との見方もありうるかもしれない。しかし、豊臣秀吉の対応として確認できるのは、伴天連追放令以前はイエズス会に対して好意的だったこと、追放令発布への急転は、知られる限り伊勢神宮の訴訟によること、そこで問題とされたのはイエズス会による信仰強制と神祇信仰や仏教への攻撃であること、である。

すでに前節でみた安土宗論における織田信長の場合のように、他宗派への攻撃を正当とはみなさないのが、この時代の一般的な見方であった。さらにすべての宗派は結局同一であり、どれを選ぶかは大した問題ではないという見方も有力であった。言い換えれば当時の日本では宗派の共存と信教の自由とが原則であった。フランシスコ・ザビエルが来日当初、日本では自らの意思によって好きなように宗派を選ぶことができ、他人に宗派を強制したりすることはないと述べているのもこの点の傍証となろう。

そしてルイス・フロイスは、秀吉は追放令発令後、それ以上のことはしていない、と指摘して次のように述べる。秀吉がその後キリシタンを取締ろうとする動きをみせないのは、我らの主なるデウスの恩寵によるものかもしれない。あるいは秀吉が、人々が自分の最も求める宗派に帰依するのは自由である、という日本の一般的な習慣を蹂躙すれば反乱が起こる可能性があることを警戒して、保身を考えているからかもしれない。または司祭と修道士への追放令一つで日本のキリスト教団が自壊していく、と高をくっているからかもしれない、と。秀吉が追放令以後は、特に何もしなかったことと同時に、日本では宗派を選択する自由が一般的であり、秀吉の追放令発令もその枠内にあったことが窺われる。

以上を勘案すると、秀吉が当時の日本で一般的であった宗派を選ぶのは自由、という観念からイエズス会の信仰強制と日本の諸信仰への排撃とを処断したとみる余地が生じる。この点に関わって興味深いのはスペイン商人アヴィラ・ヒロンの証言である。追放令から数年を経た一五九三年にマニラから来日したフランシスコ会の司祭に対して、秀吉はその貧しい服装をみて知行(俸禄)を与えることを提案したという。司祭はそれに対して、知行は不要であり、少量の米と、家一軒と天主堂を建設する場所のみをいただきたいと回答し、この要請を秀吉は快諾したという(『日本王国記』)。秀吉がフランシスコ会の実態を知っていたとは思えないが、ともかくもその天主堂建設を許可したことが窺える(『日本王国記』が都での天主堂建設を明記する一方、る)。

秀吉は天主堂建設を許すまいと奉行の前田玄以《まえだげんい》が述べたとの証言もあり、詳細の解明は今後の課題である)。

以上の経緯からみて、追放令発令の時点で、秀吉は少なくともキリスト教自体を否定していたわけではなさそうである。もちろん一五九七年には二六聖人の殉教(土佐国浦戸に漂着したスペイン船サン・フェリペ号の船員の発言から、宣教師が日本征服の尖兵として活動しているとの嫌疑がかけられ、フランシスコ会士、イエズス会士及びキリシタンら総計二六名が長崎で磔刑にされた事件)という、キリシタンに対する大弾圧が起こることになるが、伴天連追放令時点の秀吉の認識では、いまだキリスト教を排撃する必要を認めていなかったと思われる。江戸幕府の禁教令から遡って伴天連追放令を同一視するわけにはいかない。この時点固有の事情を考慮すべきであろう。

世界の中の「天道」思想

以上みてきたように伴天連追放令の背景には、諸宗派の共存という原則があった。その意味では織田信長が安土宗論の結果、法華宗を敗訴としたことと軌を一にするものである。当時の日本で一般的であった「天道」思想は、神仏へのすべての信仰を容認しており、そのすべての共存は原則だったから、他者の信仰への批判・攻撃は是認されるものではなかったのである。

すでにみたように阿弥陀如来のみを信仰せよと説く本願寺蓮如にあってすら、他者の信仰への批判・攻撃は禁止すべきものであった。だからキリスト教も一つの信仰として容認される反面、イエズス会による神仏への攻撃は拒絶されたのである。

宗教に対する織田信長や豊臣秀吉のこのような方針は、いかにも日本的であるとみる向きもあるかもしれない。現に存在する対立を曖昧にしたまま、事を荒立てずに共存を勧告するなど、一神教のキリスト教にはまったくなじまないと考えられるかもしれない。特に一六世紀のヨーロッパは宗教改革の時代であり、いわゆるカトリック諸派とプロテスタント諸派とが血で血を洗う抗争を繰り広げており、その中を生き抜いてきたイエズス会に、日本的で曖昧な共存など受け入れる余地はなかったはずだともみえる。

しかしこの時期のヨーロッパには、教義を楯に宗派同士が激しい抗争を繰り広げる一方で、むしろ諸宗派の共存を是とする動向も存在したことが指摘されている。踊共二氏によれば、一七世紀前期、ドイツ各地で出回っていたブロード・シートという絵入出版物に「聖職者の大げんか」と題するものがあり、カトリックとプロテスタントとの抗争が揶揄され、教皇とルターとカルヴィニスト（カルヴァン主義者）の摑みあいが描かれ（図18）、「願わくば神が道を誤った者たちすべてを助けて下さいますように」と記されていたという。

図18　聖職者の大げんか
左画面にローマ教皇を中央に左にルター，右にカルヴィニストが配され，けんかの様が描かれる．

またヘンリー・カメン『ヨーロッパ近世社会』では、「信仰が異なる諸コミュニティの共存も宗派化の時代に、依然持続していた現実の一面であった」「北ヨーロッパ全域で……カトリックとプロテスタントとは、政治体制による差別がなされた間でさえ平和的に共存していた」「（一七世紀前半にヨーロッパ諸国を巻き込んだ宗教戦争とされる、三十年戦争を終結させた）ウェストファリア条約後の平和の時期には、あらゆる信仰のドイツ人が共存していた。アウクスブルクではカトリックとルター派とが公職を分け合っていたし、北ドイツの村の役人たちはお互いに相手方の礼拝に参加してさえいた」と概説されている。

こうしてみると、「天道」思想の唱える諸宗派の共存も、特に「日本的」と決めつけるわけにはいかない。一七世紀の世界を見渡せば、宗教改革末期のヨーロッパにおいてさえ、対立よりも共存を是とする動向が存在するからである。闘争的宗教観のみによる伴天連追放令の考察は、当時の世界の動向に照らした場合、ある種の偏りを免れないように思われる。その背景となる「天道」思想と、その世界的な立ち位置を考慮する必要があろう。

おわりに

現代に生きる宗教心

以上五章にわたって戦国びとの信仰をみてきた。戦国大名らは命がけの戦争に臨み、戦勝祈願をし、自らの信仰によって己の正当性を確認した。本願寺に帰依する武士や一般庶民が、その命令によって一揆に動員されたのは、自分やその家族の死後の救いを本願寺に求めたことが大きい。はるばるヨーロッパから布教に来日した宣教師に帰依したのも同様の事情からである。キリシタン信仰によって命がけの戦争に臨む大名さえ登場した。

こうした盛んな信仰の背後には、中世の始めから日本独自の色合いをもって育まれた天道の観念があった。天道の摂理を畏れ、その力を信じて加護を期待した人々が、様々な教義や宗派を選び、その信仰を糧に乱世を生き抜こうとしたのである。

戦国時代の篤信は、現代人とは一見かけ離れたもののようにみえる。例えば「あなたの家のお寺は？　宗旨は？」という問いに直ちに答えられる現代日本の若い世代がどれほどいるだろうか。寺院や宗旨への関心の薄さは、筆者のような世代の教員が日常的に教室で感じていることである。しかしそれは、現代の日本人に宗教心がないことを意味するものではない。

殺人事件、交通事故の被害者の斃《たお》れた現場に花や供物を手向ける供養は、現代日本の各地で日常的に行われている。「宗旨」の知識ではなく、不幸な死者への感性に目を向けるならば、日本人の宗教心は、少なくとも見かけよりずっと深く、豊かなものであるといえよう。いかんともしがたい事情で失った家族の成仏を祈っていた戦国びとの心性、死者への感性は現代にも息づいているようにみえる。

このような視点に立つと、現代の日本社会にも戦国時代とさほど変わらない面がみえてくるように思われる。科学の時代といわれながらも、すべてを自力で解決できると考えている人は少ないことに気づく。受験シーズンになると、多くの神社に合格を祈願した絵馬が所せましと奉納されるのを目にするが、彼ら受験生に対して「受験は祈願よりも日々の勉強が大事」だと、したり顔で説教することがいかに見当はずれであるかは一目瞭然であろう。彼らは、当然にも何の勉強もせずに祈願を凝《こ》らしているのではない。人間の努力に限界のあること、受験は運に左右される面が少なくないことを十分に認識し、直面する困難に前向きに対処する心の準備をしているのだから。

大名はじめ戦国びともまた強敵との戦いという困難に直面していた。戦国大名は戦さの吉日の占いが万能と思っていたわけではなく、兵士たちも神官や僧侶らの与える護符を万能の切札と思っていたわけではないだろう。現代の受験生同様、困難に立ち向かう勇気の源泉を宗教に得ていたというのが戦運祈願の実情であるように思われる。戦争のほか、暴風雨や地震、疫病の流行や飢饉等の困難が多かった戦国時代、生きる勇気の源泉として宗教の果たした役割は、今後さらに明らかにされていく必要があるだろう。

宗教と科学は対立するか？

宗教といえば現代の日本人にとっては、近年の国際的な宗教紛争が連想され、そこからくる違和感もともなうものかもしれない。しかしそれを抜きにしても、関心の低いことは否めないが、その理由は、現代科学の力により宗教は不要になったという、ある種の信念にあるように思われる。果して科学の力で宗教は不要になっていくものだろうか。

ここ数年日本を襲った自然災害は我々に、自然災害に十全に対応できるといえるほどには、現代科学が有力ではないことを改めて実感させた。残念ながら我々はいまだ、地震・津波・噴火・台風を予測し、被害を避けることができるほど進んだ科学も、人々を襲う病気を、あらかた予防できるほどの進んだ医学も手にしていないことは日常的に経験することである。科学の発達がいずれはすべてを解決するという、前世紀を風靡した信念は、少なくとも二一世紀初頭にあって決して十分に説得的とはいえない。

そして戦国時代同様、人知を超えた摂理に希望を託し、困難に立ち向かう勇気の源泉を祈りに求める場面は、現代もここかしこに見出される。現代的高層建築の建築現場でも、竣工までの無事を祈って神官が呼ばれ、建前の儀式が行われている。また大学医学部の解剖実習用の遺体に対して鎮魂儀礼が行われ、先端医学を研究する生化学者たちが、命を奪った実験用の動物の慰霊祭を行っている。現代人もまた、科学の力の及ばないところでは神仏の力にすがらざるを得ないのである。

現代になお、人は、基本的には自然に翻弄されざるを得ないとすれば、地震・津波が起これば祀りをし、自ら懺悔して信仰を新たにし、暴風雨に際して神に祈り、疫病の流行をみて祈禱をした戦国びとと我々との隔たりは予想外に小さいのかもしれない。前世紀以来の科学への信仰の行き過ぎも指摘され始めている現代に、戦国びとの信仰から学ぶべきものは少なくないように思われる。

参考文献

第1章

岡田章雄『キリシタンの信仰と習俗』〈岡田章雄著作集1〉思文閣出版，1983
小和田哲男『呪術と占星の戦国史』新潮社，1998
川瀬一馬『足利学校の研究』大日本雄弁会講談社，1948
神田千里「ルイス・フロイスの描く織田信長像について」『東洋大学文学部紀要』史学科篇41，2016(及び第3章)
黒田基樹『戦国期山内上杉氏の研究』岩田書院，2013
関口真規子「御影堂修造と当山派」『神変』1208，2014
平山優『川中島の戦い』上下，学習研究社，2002
丸島和洋『戦国大名の「外交」』講談社，2013
峰岸純夫「上杉憲政と村上義清等の反武田「上信同盟」－天文十六～十七年における－」『信濃』60-10(705)，2008
山口祐哉「信仰を通して見た武田信玄，上杉謙信の比較研究」『駒沢史学』9，1961
山梨県『山梨県史』資料編4～6，通史編2，1998～2007

第2章

朝尾直弘『将軍権力の創出』岩波書店，1994
井上鋭夫『一向一揆の研究』吉川弘文館，1968
後小路薫「唱導から芸能へ－石山合戦譚の変遷－」『国語と国文学』62-11，1985
遠藤一『戦国期真宗の歴史像』永田文昌堂，1991
大隅和雄『中世仏教の思想と社会』名著刊行会，2005
笠原一男『一向一揆の研究』山川出版社，1962
神田千里『信長と石山合戦－中世の信仰と一揆－』吉川弘文館，1995，2008歴史文化セレクション再録
神田千里『一向一揆と戦国社会』吉川弘文館，1998
神田千里『一向一揆と石山合戦』吉川弘文館，2007(及び第5章)

参考文献

神田千里「戦国期本願寺と西国大名」中川正法他編『九州真宗の源流と水脈』法蔵館，2014
鍛代敏雄『戦国期の石清水と本願寺－都市と交通の視座－』法蔵館，2008
金龍静『一向一揆論』吉川弘文館，2004
黒田俊雄『日本中世の国家と宗教』岩波書店，1975
平田徳「近世における「鷺森合戦」譚の変遷－『石山退去録』を中心として－」大桑斉編『論集 仏教土着』法蔵館，2003
峰岸純夫『中世社会の一揆と宗教』東京大学出版会，2008
宮澤照恵「石山合戦譚の成長－勧化本『信長軍記』をめぐって－」『北星論集』30，1993
森岡清美『真宗教団と「家」制度(増補版)』創文社，1978

第3章
浅見雅一『フランシスコ＝ザビエル－東方布教に身をささげた宣教師－』山川出版社，2011
生田滋『ヴァスコ・ダ・ガマ－東洋の扉を開く－』原書房，1992
神田千里『宗教で読む戦国時代』講談社，2010(及び第5章)
岸野久『ザビエルと東アジア－パイオニアとしての任務と軌跡－』吉川弘文館，2015
五野井隆史『日本キリスト教史』吉川弘文館，1990
五野井隆史『日本キリシタン史の研究』吉川弘文館，2002(及び第4章・第5章)
高瀬弘一郎『キリシタン時代の研究』岩波書店，1977
高瀬弘一郎『キリシタンの世紀－ザビエル渡日から「鎖国」まで－』岩波書店，1993，2013 岩波人文書セレクションに収録(及び第4章・第5章)
高瀬弘一郎『キリシタン時代対外関係の研究』吉川弘文館，1994
立石博高編『スペイン・ポルトガル史』山川出版社，2000
田中健夫『倭寇－海の歴史－』教育社，1982，2012 講談社学術文庫に収録
東京大学史料編纂所編『イエズス会日本書翰集』原文編 1～3,

訳文編 1～3，東京大学出版会，1990～2014(及び第 4 章)
松田毅一監訳『十六・七世紀イエズス会日本報告集』第三期 1～7，同朋舎，1991～1998(及び第 4 章・第 5 章)
松田毅一・川崎桃太訳『フロイス 日本史』1～12，中央公論社，1977～1980(及び第 4 章・第 5 章)
ラウレス，ヨハネス『高山右近の研究と史料』六興出版社，1949(及び第 4 章)

第 4 章

ヴァリニャーノ／矢沢利彦・筒井砂訳『日本イエズス会士礼法指針』キリシタン文化研究会，1970
神田千里「大友宗麟の改宗－その実態と背景－」『東洋大学文学部紀要』史学科篇 40，2015
五野井隆史『島原の乱とキリシタン』吉川弘文館，2014
清水紘一『織豊政権とキリシタン－日欧交渉の起源と展開－』岩田書院，2001(及び第 5 章)
清水紘一「キリシタン大名黒田官兵衛」小和田哲男監修『黒田官兵衛－豊臣秀吉の天下取りを支えた軍師－』宮帯出版社，2014
外山幹夫『大友宗麟』吉川弘文館，1975
外山幹夫「いわゆる「キリシタン大名」の実相－大村純忠の受洗と出家をめぐってー」『日本歴史』387，1980
鳥津亮二『小西行長－「抹殺」されたキリシタン大名の実像－』八木書店，2010
中西裕樹編著『高山右近－キリシタン大名への新視点－』宮帯出版社，2014
松田毅一『日葡交渉史』教文館，1963
松田毅一『近世初期日本関係南蛮史料の研究』風間書房，1967
渡辺澄夫「大友宗麟とキリスト教的理想国」『史学論叢』11，1980

第 5 章

石毛忠「戦国・安土桃山時代の倫理思想－天道思想の展開－」日

本思想史研究会編『日本における倫理思想の展開』吉川弘文館，1965
岩沢愿彦「豊臣秀吉の伴天連成敗朱印状について－天正十五年六月十八日付朱印状の批判－」『國學院雑誌』80-11，1979
氏家幹人『江戸藩邸物語－戦場から街角へ－』中央公論社，1988
踊共二「一七世紀ドイツの宗派問題と大衆メディア－プロパガンダから中立論へ－」『武蔵大学人文学会雑誌』34-2，2002
Kamen, Henry, "Early Modern European Society," Routledge, London & New York, 2000.
川口市編・発行『川口市史』近世資料編Ⅲ，1983
神田千里「中世の宗教的アジール」高埜利彦・安田次郎編『宗教社会史』〈新体系日本史 15〉山川出版社，2012
神田千里「伴天連追放令に関する一考察－ルイス・フロイス文書を中心に－」『東洋大学文学部紀要』史学科篇 37，2012
神田千里『戦国時代の自力と秩序』吉川弘文館，2013
神田千里「「天道」思想と「神国」観」島薗進他編『神・儒・仏の時代』〈シリーズ日本人と宗教２〉春秋社，2014
鍛代敏雄『中世後期の寺社と経済』思文閣出版，1999
河内祥輔『日本中世の朝廷・幕府体制』吉川弘文館，2007
児玉幸多「百姓一揆の一資料－上総国夷隅郡の杢右衛門－」『日本歴史』140，1960
佐藤孝之『駆込寺と村社会』吉川弘文館，2006
関哲行・踊共二『忘れられたマイノリティ－迫害と共生のヨーロッパ史－』山川出版社，2016
田中久夫「安土桃山時代における天道の思想」『歴史地理』81-4，1943
千葉乗隆「近世本願寺寺内町の構造」峰岸純夫他編『寺内町の研究』第２巻，法蔵館，1998，初出 1965
辻善之助『日本仏教史』第７巻・近世篇之一，岩波書店，1952
土井忠生「貴理師端往来」『吉利支丹文献考』三省堂，1963，初出 1959
広瀬良弘『禅宗地方展開史の研究』吉川弘文館，1988

深沢克己編『ユーラシア諸宗教の関係史論－他者の受容，他者の排除－』勉誠出版，2010
三鬼清一郎「キリシタン禁令の再検討」『キリシタン研究』23, 1983

図版出典一覧

図 1・2　武田氏研究会編『武田氏年表 信虎・信玄・勝頼』高志書院，2010，主要遺跡分布図 2 を参考に作成

図 3　(左)雲峰寺所蔵，甲州市教育委員会写真提供／(上)上杉神社所蔵／(下)天草市立天草キリシタン館所蔵

図 4　犬山城白帝文庫所蔵

図 5　照西寺所蔵

図 6　大阪城天守閣所蔵

図 7　西本願寺所蔵

図 8　個人所蔵，『続日本絵巻大成 19　土蜘蛛草紙 天狗草紙 大江山絵詞』中央公論社，1984，56・59 頁より

図 9　河野純徳『聖フランシスコ・ザビエル全生涯』平凡社，1988，230 頁を参考に作成

図 10　大村市立史料館所蔵

図 12　南島原市教育委員会所蔵

図 13　熊野那智大社所蔵，『国宝 大神社展』図録，2013，85 頁より転載

図 14　神宮徴古館所蔵

図 15-1　深大寺所蔵，町田市立博物館写真提供，『青面金剛と庚申信仰』(町田市立博物館図録第 92 集)町田市立博物館，1995 より転載

図 15-2　個人所蔵，町田市立博物館写真提供，前出『青面金剛と庚申信仰』より転載

図 16　龍谷大学図書館所蔵

図 17　松浦史料博物館所蔵

図 18　踊共二「一七世紀ドイツの宗派問題と大衆メディア－プロパガンダから中立論へ－」『武蔵大学人文学会雑誌』34-2，2002 より転載

神田千里

1949年生まれ．東京大学文学部卒業，同大学大学院文学研究科博士課程単位取得退学．高知大学教授を経て，
現在－東洋大学文学部教授，博士(文学)
専攻－日本中世史(中世後期の宗教社会史)
著書－『一向一揆と真宗信仰』『信長と石山合戦』『一向一揆と戦国社会』『土一揆の時代』『戦国時代の自力と秩序』(以上，吉川弘文館)，『日本の中世11　戦国乱世を生きる力』(中央公論新社)，『島原の乱』(中公新書)，『宗教で読む戦国時代』(講談社選書メチエ)，『蓮如』(山川出版社)，『織田信長』(ちくま新書) ほか

戦国と宗教　　岩波新書(新赤版)1619

2016年9月21日　第1刷発行

著　者　神田千里《かんだちさと》

発行者　岡本　厚

発行所　株式会社 岩波書店
〒101-8002 東京都千代田区一ツ橋2-5-5
案内 03-5210-4000　営業部 03-5210-4111
http://www.iwanami.co.jp/

新書編集部 03-5210-4054
http://www.iwanamishinsho.com/

印刷製本・法令印刷　カバー・半七印刷

ISBN 978-4-00-431619-0　　Printed in Japan

岩波新書新赤版一〇〇〇点に際して

ひとつの時代が終わったと言われて久しい。だが、その先にいかなる時代を展望するのか、私たちはその輪郭すら描きえていない。二〇世紀から持ち越した課題の多くは、未だ解決の緒を見つけることのできないままであり、二一世紀が新たに招きよせた問題も少なくない。グローバル資本主義の浸透、憎悪の連鎖、暴力の応酬――世界は混沌として深い不安の只中にある。

現代社会においては変化が常態となり、速さと新しさに絶対的な価値が与えられた。消費社会の深化と情報技術の革命は、種々の境界を無くし、人々の生活やコミュニケーションの様式を根底から変容させてきた。ライフスタイルは多様化し、一面では個人の生き方をそれぞれが選びとる時代が始まっている。同時に、新たな格差が生まれ、様々な次元での亀裂や分断が深まっている。社会や歴史に対する意識が揺らぎ、普遍的な理念に対する根本的な懐疑や、現実を変えることへの無力感がひそかに根を張りつつある。そして生きることに誰もが困難を覚える時代が到来している。

しかし、日常生活のそれぞれの場で、自由と民主主義を獲得し実践することを通じて、私たち自身がそうした閉塞を乗り超え、希望の時代の幕開けを告げてゆくことは不可能ではあるまい。そのために、いま求められていること――それは、個と個の間で開かれた対話を積み重ねながら、人間らしく生きることの条件について一人ひとりが粘り強く思考することではないか。その営みの糧となるものが、教養に外ならないと私たちは考える。歴史とは何か、よく生きるとはいかなることか、世界そして人間はどこへ向かうべきなのか――こうした根源的な問いとの格闘が、文化と知の厚みを作り出し、個人と社会を支える基盤としての教養となった。まさにそのような教養への道案内こそ、岩波新書が創刊以来、追求してきたことである。

岩波新書は、日中戦争下の一九三八年一一月に赤版として創刊された。創刊の辞は、道義の精神に則らない日本の行動を憂慮し、批判的精神と良心的行動の欠如を戒めつつ、現代人の現代的教養を刊行の目的とする、と謳っている。以後、青版、黄版、新赤版と装いを改めながら、合計二五〇〇点余りを世に問うてきた。そして、いままた新赤版が一〇〇〇点を迎えたのを機に、人間の理性と良心への信頼を再確認し、それに裏打ちされた文化を培っていく決意を込めて、新しい装丁のもとに再出発したいと思う。一冊一冊から吹き出す新風が一人でも多くの読者の許に届くこと、そして希望ある時代への想像力を豊かにかき立てることを切に願う。

（二〇〇六年四月）

岩波新書より

奈良の寺	奈良文化財研究所編	
植民地朝鮮の日本人	高崎宗司	
漂着船物語	大庭脩	
東西／南北考	赤坂憲雄	
日本文化の歴史	尾藤正英	
日本の神々	谷川健一	
日本の地名	谷川健一	
南京事件	笠原十九司	
裏 日 本	古厩忠夫	
日本社会の歴史 上・中・下	網野善彦	
日本中世の民衆像	網野善彦	
絵地図の世界像	応地利明	
古都発掘	田中琢編	
宣教師ニコライと明治日本	中村健之介	
神仏習合	義江彰夫	
謎解き 洛中洛外図	黒田日出男	
韓国併合	海野福寿	
従軍慰安婦	吉見義明	

中世に生きる女たち	脇田晴子	
琉球王国	高良倉吉	
泉 よみがえる古代都市	福沢諭吉 — 斉藤利男	
平泉	斉藤利男	
吉田松陰	吉田松陰	
暮らしの中の太平洋戦争	山中恒	
ルソン戦—死の谷	阿利莫二	
江戸名物評判記案内	中野三敏	
徴兵制	大江志乃夫	
田中正造	由井正臣	
日本文化史 (第二版)	家永三郎	
原爆に夫を奪われて	神田三亀男編	
神々の明治維新	安丸良夫	
神の民俗誌	宮田登	
漂 海 民	羽原又吉	
天保の義民	松好貞夫	
太平洋海戦史	高木惣吉	
太平洋戦争陸戦概史	林三郎	
世界史のなかの明治維新	芝原拓自	
昭 和 史 〔新版〕	藤原彰／今井清一／遠山茂樹	

京 都	林屋辰三郎	
日本国家の起源	井上光貞	
日本の歴史 上・中・下 付・総目録1938–2006	井上清	
天皇の祭祀	村上重良	
米軍と農民	阿波根昌鴻	
伝 説	柳田国男	
岩波新書の歴史	鹿野政直	
江戸時代	北島正元	
織田信長	鈴木良一	
豊臣秀吉	鈴木良一	
大岡越前守忠相	大石慎三郎	
シリーズ日本近世史		
戦国乱世から太平の世へ	藤井讓治	
村 百姓たちの近世	水本邦彦	
天下泰平の時代	高埜利彦	
管野すが	絲屋寿雄	
福沢諭吉	小泉信三	
吉田松陰	奈良本辰也	

岩波新書より

都　市　江戸に生きる　吉田伸之
幕末から維新へ　藤田　覚
シリーズ日本古代史
農耕社会の成立　石川日出志
ヤマト王権　吉村武彦
飛　鳥　の　都　吉川真司
平城京の時代　坂上康俊
平安京遷都　川尻秋生
摂　関　政　治　古瀬奈津子
シリーズ日本近現代史
幕末・維新　井上勝生
民権と憲法　牧原憲夫
日清・日露戦争　原田敬一
大正デモクラシー　成田龍一
満州事変から日中戦争へ　加藤陽子
アジア・太平洋戦争　吉田　裕
占領と改革　雨宮昭一
高　度　成　長　武田晴人
ポスト戦後社会　吉見俊哉
日本の近現代史をどう見るか　岩波新書編集部編